Une brève histoire du pétrole

Ce livre vous est offert gracieuseté des

Éditions du Blé

http://ble.recf.ca

Nadine Mackenzie

UNE BRÈVE
HISTOIRE
DU
PÉTROLE

Les Éditions du Blé
Saint-Boniface (Manitoba)

La publication de cet ouvrage a bénéficié d'une subvention du
Conseil des Arts du Canada
et du
Conseil des Arts du Manitoba
Les Éditions du Blé remercient l'un et l'autre

Maquette de la couverture : Denis Savoie
Mise en page : Appeal Graphics Inc.

Les Éditions du Blé
C.P. 31
Saint-Boniface (Manitoba)
R2H 3B4

Données de catalogage avant publication (Canada)
Mackenzie, Nadine
    Une brève histoire du pétrole
    ISBN 2-921347-19-9
1. Pétrole – Alberta – Histoire. I. Titre.
TN873.C22A35 1993   553.2'82'097123 C93-098104-9

Chapitre 1

Après l'eau, le pétrole est le liquide que l'on trouve en plus grande abondance sur notre planète. Ce produit a révolutionné la géographie politique et économique du monde et s'est rendu absolument indispensable à la vie moderne. Le pétrole, *petroleum* en latin, vient des deux mots accolés *petra* et *oleum*. *Petra* signifie pierre et *oleum* veut dire huile. C'est donc sous l'appellation «huile de pierre» qu'il fut désigné pendant bien longtemps. Source de plus de 80 000 substances, capable de fournir d'innombrables produits pétrochimiques, ce n'est qu'au siècle dernier que le pétrole a reçu sa consécration sous le titre plus flatteur «d'or noir». Pourtant, il était déjà connu des anciens qui avaient su l'utiliser, lui et ses dérivés, de bien des façons. Dans l'*Ancien Testament*, on apprend que c'est avec du bitume que Noé enduisit son arche pour l'imperméabiliser aux grandes eaux du Déluge. Le panier qui porta Moïse sur les flots du Nil avait été colmaté avec du bitume. En Mésopotamie, les pavés des rues de Babylone étaient tenus en place grâce au bitume et c'est ce produit qui scellait également entre elles les pierres des murs de Jéricho. C'est l'asphalte bouilli avec du bitume brut qui fournit le mortier utilisé par les maçons qui bâtirent le Temple de Salomon et ceux qui construisirent les fortifications des anciennes civilisations d'Asie Mineure se servaient également de ce mélange. Sur les bords de l'Euphrate et de la mer Morte, les sources naturelles d'huile formaient des dépôts de bitume. D'ailleurs, la mer Morte était souvent appelée «le lac d'asphalte».

Il y a près de vingt siècles, le prophète Zoroastre voyagea jusqu'à la presqu'île d'Apchéron dans la mer Caspienne où des centaines de sources naturelles de pétrole brûlaient constamment. La nuit, le spectacle était magnifique et mystérieux. Fasciné par ce qui s'offrait à ses yeux, Zoroastre créa la religion du feu. Pendant les siècles qui suivirent, des foules de pèlerins se rendirent à Bakou pour se prosterner devant ces flammes qui surgissaient de la terre. La religion du feu peut donc être considérée comme une première manifestation de la «fièvre de l'or noir».

Les Égyptiens badigeonnèrent leurs pyramides avec du bitume provenant de la mer Morte. On a pensé que le mot «momie» dérivait du terme arabe *«mum»* qui est l'équivalent du mot bitume. Ils se servaient également de cette substance pour embaumer leurs morts. Les habitants du Pérou firent de même. À Delphes où les anciens Grecs vinrent consulter la déesse Gaïa et sa fille Thémis, plus tard Poséidon et enfin Apollon, l'oracle était rendu dans un temple dont l'autel était orné d'une flamme continuelle. Le combustible était très certainement du gaz naturel qui s'échappait de profondes fissures de la roche. Le gaz naturel accompagne presque toujours les gisements de pétrole. D'autres grands-prêtres canalisèrent le gaz jusqu'à leurs autels, fabriquant ainsi les premiers gazoducs du monde. Les Grecs, encore d'après le grand historien Hérodote, anéantirent une flotte ennemie en versant d'énormes quantités d'huile dans la mer et en y mettant le feu. Ils auraient utilisé du naphte, un liquide extrêmement volatile, plus léger que le pétrole brut mais plus lourd que le gaz naturel. Plus tard, cette technique de destruction des navires se répandit en Europe pour se défendre contre la flotte des musulmans qui convertissaient de gré ou de force à la parole du prophète Mahomet. Une autre utilisation guerrière de «l'huile de pierre» fut «le feu grégeois», mélange de pétrole brut et de substances plus légères résultant d'une distillation grossière. C'était là une arme redoutable aux effets dévastateurs. En l'an 668, les habitants de Constantinople s'en servirent pour se défendre contre l'invasion des Sarrasins. Par la suite, le «feu grégeois» fut condamné lors du second concile du Latran. Cela ne mit toutefois pas de sitôt un terme à son utilisation. Ce ne sera que la découverte de la poudre, cinq siècles plus tard, qui parviendra à détrôner ce procédé meurtrier.

Une légende du VIIe siècle veut que le shah de Perse ait remporté la victoire sur une armée indienne à dos d'éléphants en faisant placer aux endroits stratégiques des statues de fer creux remplies d'huile bouillante.

Les Chinois savaient utiliser le pétrole bien avant notre ère puisqu'ils s'en servaient pour l'éclairage et pour des médicaments. Les civilisations pré-européennes employèrent l'huile et le goudron pour la fabrication d'une colle destinée aux mosaïques et aux peintures, et pour la préparation des potions. Les Indiens du Mexique s'en servirent pour se nettoyer les dents et même en guise de chewing-gum.

Au XIIIe siècle, Marco Polo découvrit au cours de ses voyages que les dépôts d'asphalte dans la région de Bakou étaient le pivot d'une industrie pétrolière qui fournissait l'huile pour les lampes et la base de certains médicaments.

Pendant très longtemps, le pétrole brut fut considéré comme un médicament pouvant guérir toutes les maladies connues et inconnues. Voici un extrait du prospectus que distribuait maître Charles de Minne, installé place du Marché aux poulets à Anvers en Belgique, et qui vantait au XVIe siècle les mérites de l'huile de pierre :

Cette noble huile sue et dégoutte d'une roche par une opération du soleil, en étrange et admirable manière, dans le domaine du duc de Ferrare, auprès d'une ville appelée Modène et de la montagne Sybia. Elle est appelée «baume» à cause de sa grande et singulière vertu et même «huile de Sainte-Catherine». Grâce à cette huile, il ne reste à ladite montagne aucune couleuvre ni bête venimeuse. Les bienfaits de cette huile étaient les suivants:

Premièrement, cette huile purge et nettoie toute ulcération et guérit toute ancienne blessure. De même, elle redonne l'ouïe à ceux qui ont l'oreille dure. Quiconque sera échaudé par l'eau bouillante, se frottera deux fois par jour et se trouvera guéri, de même pour celui qui aura été mordu par un chien enragé ou piqué par une bête venimeuse.

Vers 1800, un pharmacien ambulant, qui avait du flair pour la publicité, écrivit une ode au pétrole avec l'espoir que cela aiderait à vendre ses flacons remplis de pétrole brut :

Jaillie des profondeurs secrètes de la terre
Pour apporter à tous la fleur de la santé
Est aux maux humains, le baume salutaire
Et le plus sûr garant de la prospérité.

Pendant la fièvre de l'or noir aux États-Unis, il était de bon ton pour ceux qui travaillaient à remplir les barils, de boire entre 2 ou 3 verres de ce liquide par jour pour se maintenir en bonne santé. Sans doute, était-ce là vantardise car si l'on demande actuellement aux médecins ce qui peut résulter de l'absorption quotidienne de quelques verres de pétrole, les réponses sont unanimes : empoisonnement, cancer de tous genres et des diarrhées épouvantables! Et personne, jusqu'à présent, faute d'avoir subi ou assisté à l'expérience, n'a été en mesure de décrire précisément ce qui peut arriver si l'on allume une cigarette ou une pipe après avoir ingurgité deux ou trois verres de pétrole.

En 1848, Samuel Krier eut l'idée brillante de mettre en bouteille l'huile de pierre et de la vendre un dollar le flacon comme remède miracle. Dix ans plus tard, on estimait qu'il avait vendu 250 000 flacons à travers le pays.

Les histoires les plus absurdes concernant les potions magiques à base de pétrole eurent la vie dure. Une anecdote circula longtemps dans l'ouest du Canada. Un couple en Saskatchewan n'arrivait pas à avoir d'enfant. La femme alla consulter un guérisseur qui lui fit soi-disant prendre régulièrement quelques cuillerées de pétrole. Le résultat fut satisfaisant puisque quelques mois plus tard, un bébé naquit. Deux ans passèrent et le couple décida d'avoir un autre enfant. Seulement cette fois-ci, le mari, qui avait peut-être des doutes, décida que ce serait lui qui irait voir régulièrement le guérisseur et qui boirait le pétrole. L'épouse ne tomba pas enceinte. Le mari, lui, mourut empoisonné. Les conclusions s'imposent.

Un livre de famille, *The People's Home Library,* était très populaire dans les foyers canadiens et américains au début du XXe siècle. Ce livre traitait aussi bien des problèmes de santé des humains que de ceux des animaux de la ferme en passant par les recettes de cuisine. En feuilletant une édition de 1915, on s'aperçoit encore de l'importance du kérosène et du pétrole brut dans les remèdes de ménage :

– En cas de rhumatismes : frotter les endroits douloureux avec du kérosène.

Pour le croup : le kérosène peut être avalé par petits verres et aussi appliqué en compresses sur la gorge.

– Pour les caries dentaires : imbiber un morceau de coton et l'appliquer dans la cavité de la dent douloureuse.

– *Pour le rhume :* toutes les deux ou trois heures prendre de 10 à 12 gouttes de kérosène sur un morceau de sucre. En frotter également le cou et la poitrine.

– *Pour les problèmes pulmonaires :* humecter un tissu de kérosène et l'attacher autour de la poitrine pendant la nuit. Prendre également 10 gouttes trois ou quatre fois par jour sur un morceau de sucre.

– *Pour la diphtérie :* badigeonner la gorge toutes les trois ou quatre heures avec le kérosène qui retirera les membranes et réduira l'inflammation. Poser un entonnoir au-dessus d'un morceau de bitume placé sur un fer chaud. Faire inhaler la fumée au malade cinq ou six fois par jour.

– *Pour l'angine ou l'amygdalite aiguë :* se gargariser au kérosène et en appliquer des compresses sur le cou.

– *Pour la vermine :* se frotter la tête avec du kérosène si l'on a des poux, de la vermine ou des pellicules dans les cheveux.

– *En cas d'empoisonnement alimentaire :* par exemple, par les champignons, se frotter le corps avec du kérosène.

– *Un mélange de pétrole, de térébenthine, d'huile d'ambre et d'huile de lin* constitue un remède souverain pour les problèmes rénaux et les problèmes de la vessie.

– Bronchite simple ou chronique : prendre une cuillerée à café de pétrole avant chaque repas.

Tous ces remèdes font sourire actuellement. Si l'on ne mourait pas de la maladie qui vous atteignait, le kérosène ou le pétrole devait à coup sûr vous achever. Néanmoins, il y a une infime part de vérité dans tout ceci puisqu'à l'heure actuelle, on utilise encore des shampoings et des pastilles pour la gorge à base de goudron et le pétrole est encore largement utilisé en dermatologie. Le premier usage du pétrole était surtout médical; le second allait s'avérer utilitaire.

Application for Charter for the

FIRST OIL COMPANY IN CANADA

The Charter was granted on December 18th, 1854 to
The International Mining and Manufacturing Co.
The original petition was made during the session of 1852.

Charte de la première compagnie de pétrole au Canada 1854

Chapitre 2

Du pétrole pour s'éclairer.

Dans la seconde moitié du XVIIIe siècle, on se pencha sur le pétrole avec plus de curiosité encore. On l'extrayait et l'on essaya même de faire quelques analyses dont certains résultats ne furent guère encourageants. Des savants de l'Académie des sciences de Moscou déclarèrent au tsar Alexandre de Russie, qui s'inquiétait de savoir ce qu'était ce produit qui jaillissait dans le Caucase, que ce liquide étrange n'était bon qu'à graisser les roues des charrettes. Une prophétie assez erronée! L'huile de pierre continuait à fasciner les esprits. Dès 1815, une ville de

Pologne, Drogobytch, s'éclairait déjà au pétrole. Elle fut suivie sous peu par Prague. En Roumanie, on le raffina dès 1850. Aux États-Unis, la découverte du kérosène fut pratiquement le catalyseur nécessaire aux recherches du pétrole qui aboutirent à la «Fièvre de l'or noir» en Amérique.

À l'aube du XIXᵉ siècle, la révolution industrielle s'annonçait et un problème aigu surgit : ces moteurs, ces roues, ces machines, ces inventions avaient tous besoin d'être lubrifiés. Les graisses animales et végétales n'étaient guère satisfaisantes et elles servaient surtout à éclairer. Les résultats étaient assez lamentables et dignes des temps anciens. Avant l'éclairage au gaz, dans les magasins et les bureaux, dans les usines et les maisons et même sur les bateaux, on s'éclairait à la chandelle ou on employait tout un arsenal de lampes fumantes et puantes, remplies d'huile de baleine ou de poisson, de graisse de porc, de résine ou de camphène. Ce dernier produit, dont le nom avait été commercialisé, était très à la mode mais représentait un mélange dangereusement explosif de térébenthine et d'alcool distillé. La demande croissante fit augmenter le prix des combustibles ce qui eut pour conséquence la recherche d'une alternative à bon marché. On avait besoin d'une meilleure source de lumière, de quelque chose de sûr qui sentirait moins mauvais et qui serait moins onéreux. Le docteur Abraham Gesner trouva la solution. Sa découverte du kérosène fut la base d'une des industries les plus dynamiques qui allaient surgir au cours de la seconde moitié du XIXe siècle. Pendant un demi-siècle, jusqu'à ce que la lampe électrique remplace la lampe à kérosène et que l'industrie du pétrole se développe pleinement, le kérosène et les lubrifiants à base de charbon et de pétrole furent d'un emploi très économique.

Abraham Gesner, le père du kérosène, changea souvent de métier et mena une vie riche d'aventures. Il fut, tour à tour, marchand de chevaux, médecin, chimiste, géologue et inventeur. Gesner et d'autres fabricants établirent une industrie florissante aux États-Unis et produisirent de l'huile à lampe et des lubrifiants à partir du charbon. Par la suite, on obtint les mêmes produits dans les mêmes raffineries mais à un prix moins élevé et en utilisant du pétrole brut. L'industrie de l'huile de charbon que Gesner aida à établir s'éteignit dix ans environ après sa fondation mais c'est à elle qu'on doit la prospection et la découverte du pétrole brut en Ontario en 1858 et en Pennsylvanie en 1859.

Abraham Gesner naquit le 2 mai 1797 à Cornwallis, en Nouvelle-Écosse. Ses parents, qui étaient fermiers, eurent douze enfants. Élève doué, Gesner avait aussi l'esprit d'aventure. Vers la fin de son adolescence, il se lança dans le commerce des chevaux. Il s'agissait de transporter les bêtes par bateau de la Nouvelle-Écosse et du Nouveau-Brunswick jusqu'aux Antilles. L'idée était magnifique. Malheureusement, il eut les éléments contre lui. Deux fois de suite, son bateau fit naufrage : ce fut la faillite. Au cours de ses voyages aux Antilles, Gesner s'était penché avec intérêt sur les dépôts bitumineux de l'île de la Barbade. Sa curiosité l'avait également poussé à examiner de près les bords du célèbre lac de Trinidad. Ce lac, situé dans le cratère d'un ancien volcan, a produit plus d'une centaine de millions de barils d'un mélange de bitume, d'argile et de boue. Il en avait déduit que de l'asphalte s'était formé là, dû au séchage de suintements de pétrole. Vingt-cinq ans plus tard, dans ses premières tentatives pour produire une nouvelle huile d'éclairage, Gesner s'inspira de l'utilisation de l'asphalte de Trinidad comme matériau brut. À la suite de son mariage avec Harriet Webster, Abraham décida de marcher sur les traces de son beau-père et d'étudier la médecine. Il s'inscrivit donc à Guy's Hospital à Londres en 1827. À l'âge de trente ans, ayant terminé ses études, il ouvrit son cabinet dans le petit village de Parrsboro, pas très loin de Cornwallis où il était né. Au bout de peu de temps, Gesner découvrit que l'existence rustique du médecin de campagne ne correspondait pas vraiment à sa nature curieuse et active. Il se chercha un dérivatif et le trouva en collectionnant les différentes sortes de pierres qu'il ramassait sur son passage lors de ses tournées à cheval. Il se mit à l'étude des livres de géologie et entreprit une correspondance, qui par la suite prit de l'ampleur, avec des savants d'Europe, du Canada et des États-Unis. Il publia en 1836 un premier livre, long de 313 pages, intitulé *Remarques sur la géologie et la minéralogie de la Nouvelle-Écosse*. Il s'embarqua alors dans une nouvelle carrière. Délaissant la médecine, Gesner s'installa avec sa famille à Saint-John pour prendre le poste nouvellement créé de géologue officiel de la province du Nouveau-Brunswick. Un premier rapport sur l'étude géologique de la province parut en 1839 et fut suivi par d'autres travaux du même genre en 1840, 1842 et 1843. Il faut dire que lorsque Gesner écrivait ses rapports, il se laissait très souvent emporter par un style fantaisiste, coloré et emphatique. Cela ne tarda pas à lui jouer un mauvais tour. S'appuyant sur ses dires, plusieurs entrepreneurs décidèrent d'ouvrir des mines de charbon là où le géologue l'avait recommandé. On trouva le combustible en quantité beaucoup moindre que Gesner n'avait semblé le croire. La colère de ceux qui avaient investi du temps et de l'argent dans ces aventures obligea le gouvernement provincial à licencier ce géologue un peu fantasque. Il retourna à la médecine, tout en donnant des conférences et en poursuivant ses recherches dont l'une allait aboutir à la première production d'huile d'éclairage. Il avait obtenu cette huile en utilisant de l'asphalte de Trinidad, ville qu'il avait visitée un quart de siècle auparavant. Le résultat ne fut pas satisfaisant : elle fumait trop et son odeur était loin d'être agréable. De plus, il n'était guère facile de faire venir de l'asphalte des Antilles et c'était onéreux. C'est alors que Gesner eut l'idée d'utiliser de l'albertite à la place du produit importé. C'était un minéral noirâtre, que l'on trouvait sur les bords de la rivière Petitcodiac dans le comté Albert du Nouveau-Brunswick, qui avait l'apparence du charbon et qui brûlait facilement. Cependant Gesner remarqua que ce n'était pas du vrai charbon, mais qu'il avait toutes les propriétés de l'asphalte. En chauffant l'albertite à haute température, on pouvait obtenir une huile très satisfaisante. En 1848, l'inventeur fit une démonstration publique au cours de laquelle il montra comment utiliser ce liquide dans des lampes. Gesner fut le premier Nord-Américain à distiller de l'hydrocarbure pour en faire un combustible à éclairage, un combustible qui allait bientôt briller dans toutes les lampes du monde.

Gesner déménagea de nouveau pour s'installer avec sa famille près d'Halifax vers la fin de 1850. Il y rencontra Thomas Cochrane, 10e comte de Dundonald. Cet aristocrate britannique, âgé de soixante-quatorze ans, avait commencé à manifester de l'intérêt pour les hydrocarbures bien avant Abraham Gesner. Le père de Thomas avait déjà fait breveter, en 1781, une méthode de distillation du goudron en huile d'éclairage. Les idées de Gesner et de Dundonald allaient dans la même direction et, en peu de temps, ils mirent sur papier plusieurs suggestions pour utiliser non seulement l'asphalte de Trinidad, mais également l'albertite du Nouveau-Brunswick. Dundonald retourna en Angleterre chercher plusieurs brevets pour utiliser l'asphalte à des fins diverses. Toutefois, il omit d'en acquérir un pour la distillation de l'huile d'éclairage et c'était le domaine qui intéressait particulièrement Gesner. Le problème fut alors d'obtenir le contrôle d'un gisement d'albertite. Pour ce faire, il dut s'adresser à la cour d'Halifax et engagea un procès pour démontrer que ce minéral était de l'asphalte, non du charbon, et que dans ce cas il ne pouvait être inclus dans les droits concernant le charbon, droits réservés à la Couronne dans les concessions des terrains. La Cour décida que l'endroit en question comprenait aussi «d'autres mines et minéraux». Gesner perdit son procès et déménagea à New York, pour mettre sur pied une compagnie de production d'huile de charbon du nom de *Asphalt Mining and Kerosene Gas Company*, qui devint bientôt la *North American Kerosene Gas Light*. Dès 1854, on produisit le kérosène à grande échelle. Le mot kérosène vient de *kêros* et du suffixe -ène. *Kêros* signifie cire en grec. Jusque-là, le camphène était l'huile d'éclairage la plus populaire, malgré ses propriétés dangereuses. On vendait le nouveau produit un dollar les quatre litres, ce qui était bien moins cher que le camphène. L'éclairage au kérosène se répandit immédiatement dans le monde entier aussi bien dans les foyers que dans les bureaux. L'invention de Gesner fit son chemin avec une telle rapidité qu'en 1860, une année après la découverte de Drake, il y avait 70 usines de production d'huile de charbon aux États-Unis. Quinze autres usines utilisaient sa méthode mais avec du pétrole brut. La lampe à pétrole était née. L'utilisation du kérosène allait promouvoir les recherches sur le pétrole un peu partout dans le monde entier et aboutir à la ruée vers l'or noir.

Abraham Gesner, après avoir vendu ses brevets dont il ne tira pas un grand profit, se retrouva employé par la propre compagnie qu'il avait fondée. La situation ne lui plaisant guère, il se remit à la médecine à New York. Il prit sa retraite dans sa Nouvelle-Écosse natale et s'éteignit le 29 avril 1864, à l'âge de soixante-sept ans.

On a souvent oublié sa contribution intensive aux débuts du développement de l'industrie du pétrole en Amérique du Nord. Pourtant, ses prédictions sur les possibilités industrielles de «l'huile de pierre» se réalisèrent, pour devenir une épopée extraordinaire. La compagnie *Imperial Oil* construisit en 1933 un monument à l'endroit même où Gesner fut enterré, au cimetière Camp Hill d'Halifax, et fit inscrire sur le granit : «En hommage au rôle éminent qui fut le sien dans le développement de l'industrie pétrolière». La lampe d'Aladin, après s'être changée en lampe à pétrole, allait se transformer dans les années à venir en derrick. Mais avant cette révolution, la fièvre du pétrole allait s'abattre sur le continent américain.

Bouteille de pétrole

Baril pour transporter le pétrole

Chapitre 3

La Fièvre de l'or noir.

C'est aux États-Unis que se déclencha la grande fièvre de l'or noir. En 1830, des fermiers du Kentucky s'aperçurent que des troupeaux de cerfs se retrouvaient souvent près de sources d'eau salée de la région. Des chasseurs en tirèrent doublement profit : ils y trouvaient et le gibier, et le sel, qui était à l'époque une denrée très recherchée. On commença donc à creuser des puits de sel. C'est ainsi qu'un fermier eut un jour la surprise de voir couler un liquide nauséabond et de couleur foncée. Il appela ses collègues, qui ne purent pas plus que lui expliquer ce qui se passait. L'un d'eux alluma sa pipe et jeta l'allumette dans le liquide. Un immense incendie se déclara. La rivière Cumberland se transforma en une nappe de feu sur plus de 60 kilomètres de son parcours. Le pétrole brut avait surgi en Amérique du Nord.

La découverte du kérosène entraîna une recherche intensive de gisements de pétrole. Ceux que l'on exploitait se tarissaient assez vite et le kérosène jouissait d'un tel succès qu'on voyait arriver avec effroi le moment où la pénurie d'huile provoquerait une carence certaine et impopulaire. Un chimiste de Pennsylvanie du nom de Bissel décida de fonder la société *Pennsylvanian Oil Company* dans le but de trouver dans cette région des gisements assez importants pour produire le combustible des lampes. Il engagea dans ce but un homme de 38 ans, Edwin Laurentine Drake, et le chargea de découvrir du pétrole par tous les moyens. Drake était le parfait aventurier. Il avait été successivement pionnier, trappeur et conducteur de train et préférait passer sous silence d'autres occupations moins honorables. C'était un meneur d'hommes, au visage volontaire et qui savait utiliser ses poings avec dextérité. Il s'installa près de Titusville, dans un endroit appelé Oil Creek Valley où l'on avait déjà découvert quelques petits gisements. Les origines de son titre de «Colonel» ont prêté à des polémiques. Certains historiens soutiennent que c'est son employeur qui acheta le titre pour s'assurer que le prospecteur resterait à son poste, flatterie qui, paraît-il, combla de joie l'aventurier. D'autres spécialistes assurent que c'était un coup publicitaire et qu'avant d'arriver à Titusville, Drake s'était fait adresser son courrier sous ce titre pour impressionner la population locale. Suite à bien des problèmes techniques et des résultats négatifs, Drake connut finalement le succès. Le 27 août 1859, date importante dans l'histoire du pétrole, l'huile jaillit d'un puits de 32 mètres de profondeur. À cette époque, ce qu'on extrayait des sources était en quantité modeste. La découverte de Drake tenait du miracle. Son puits fournissait 1 700 litres de pétrole brut en vingt-quatre heures, ce qui était considéré comme une production énorme en ce temps-là.

La nouvelle se répandit comme une traînée de poudre, non seulement dans les alentours, mais dans toute l'Amérique. Pourtant, le fait que Drake s'enorgueillît d'avoir creusé le premier puits de pétrole de l'Amérique du Nord n'était pas tout à fait vrai. Avant qu'il ne s'établisse près de Titusville, à 20 kilomètres au nord-est de cette petite ville, de l'autre côté du lac Érié, dans une localité appelée Enniskillen Township en Ontario, on avait déjà légalement constitué une société. Elle possédait ses puits et sa propre raffinerie et la production de pétrole brut était nettement supérieure à celle du colonel. Mais l'agressivité et la forte personnalité de Drake assurèrent aux

États-Unis une énorme publicité contrairement à ce qui s'était passé au Canada.

Une nuée de prospecteurs pris par la fièvre de l'or noir, s'abattit sur la Pennsylvanie. Des villes champignons, aux noms évocateurs comme Petroleum City, Oil City et Oleopolis, surgirent un peu partout. On vendit à des prix exorbitants des terrains qui n'avaient aucune valeur avant la célèbre découverte. Les prospecteurs faisaient leurs recherches avec beaucoup de fantaisie, et l'on utilisait les méthodes les plus directes et les plus pittoresques. Ainsi lançait-on son chapeau en l'air et on creusait un puits là où il retombait. Ceux qui voulaient employer des méthodes plus scientifiques, se servaient d'un pendule ou d'une baguette de coudrier. La chance souriait parfois.

Le hasard fit vraiment bien les choses car, à force de creuser un peu partout, on découvrit de nombreux gisements. Des fortunes s'amassèrent ou se perdirent en un rien de temps. Les banques voisinaient avec les taudis. Les histoires les plus invraisemblables circulaient. Les vols et les meurtres devinrent monnaie courante. Un vent de folie attirait toutes sortes d'individus pressés de faire fortune et prêts à tout pour y arriver.

Une année après la découverte de Drake, il y avait cent raffineries de pétrole aux États-Unis. Le colonel s'était enrichi : au bout de quatre années passées dans le forage, il décida de prendre sa retraite avec vingt mille dollars en poche, une somme considérable pour l'époque. Il fit alors des placements dans une société d'investissements de Wall Street et perdit sa fortune au cours de spéculations diverses. Malade et brisé, il reçut néanmoins une pension annuelle de mille cinq cents dollars de l'état de Pennsylvanie; il mourut en 1880.

Au Canada, on ne vit pas comme aux États-Unis une multitude de prospecteurs et d'aventuriers avides de faire fortune, se mettre à creuser des puits un peu partout. On a aussi souvent oublié l'histoire de l'exploitation du pétrole de Enniskillen au profit des exploits de Drake. Les premiers pionniers s'établirent dans les forêts situées entre le lac Érié et le lac Huron et évitèrent d'abord Enniskillen, pris entre deux immenses points d'eau. Une forêt épaisse et presque impénétrable, traversée par deux rivières boueuses, Bear Creek et Black Creek, recouvrait la région, dont le terrain très plat se transformait en marécage noirâtre après chaque orage. Les Indiens et les premiers pionniers utilisaient à des fins médicinales la boue imbibée d'huile qu'ils y trouvaient. Le village d'Inniskillen comptait une trentaine de personnes, une trentaine de vaches et une vingtaine de cochons, lorsque Sterry Hunt, un chercheur à l'emploi de la Commission géologique du Canada, fit analyser l'huile qu'il y avait recueillie. On découvrit qu'on pouvait en extraire du goudron et donc l'exploiter commercialement. C'est sans doute ce qui donna l'idée à deux frères, Henry et Charles Tripp, de constituer légalement et au plus vite une société de pétrole, la première au Canada et sans doute en Amérique du Nord. Les travaux principaux de cette compagnie consistaient à transformer le bitume local en asphalte. Dès 1852, ils firent construire une raffinerie. Leur société portait le nom de *International Mining and Manufacturing Company* et prit même part à l'exposition universelle de Paris en 1855 avec des échantillons d'asphalte de la région d'Enniskillen. Cela valut à la société de recevoir une mention honorable. Des problèmes financiers surgirent, dûs à la décision des Tripp de concentrer leurs efforts sur la production de l'asphalte au lieu de celle du combustible pour les lampes qui était alors très en demande. L'année suivante, vu les dettes qui s'amoncelaient, les frères vendirent la société à James Miller Williams, à qui ils devaient de l'argent. Charles fut engagé pour aider Williams à sauver la société.

Williams avait acheté tous les terrains de la compagnie. C'était un homme d'affaires dynamique qui avait réussi dans les diverses entreprises qu'il avait dirigées, les vendant les unes après les autres avec succès et avec des gains considérables. Il s'était même lancé dans la construction des omnibus avant de s'intéresser au pétrole. En 1857, il commença à creuser lui-même un puits et trouva du pétrole à 7,10 mètres sous terre. Une année plus tard, utilisant une méthode de forage que les Chinois avaient mise au point deux mille ans auparavant, il découvrit du pétrole, cette fois-ci à 15 mètres de profondeur. La méthode chinoise, employée également par Drake, consistait à placer un tronc d'arbre en équilibre sur une poutre de bois. Un objet tranchant était enfoncé à l'une des extrémités de ce tronc. On faisait alors basculer l'arbre, l'outil s'enfonçait dans le sol et l'arbre remontait de son propre poids. On recommençait inlassablement ce procédé rudimentaire.

Williams fit exactement le contraire des frères Tripp. Alors que ces derniers s'étaient contentés de faire bouillir le bitume pour le transformer en asphalte, Williams décida de produire du combustible à lampe en distillant le bitume. On commença alors à pomper du pétrole brut provenant d'une réserve située sous un gisement bitumineux. Sa société fut la première à être aussi complète, comprenant production, raffinerie et distribution. Le 23 septembre 1859, exactement vingt-sept jours après le succès du puits de pétrole de Drake, le kérosène produit par la société de Williams avait un marché bien établi, reconnu de meilleure qualité que celui produit à partir de l'albertite. Enniskillen avait entre temps changé son nom en Oil Springs, un terme plus approprié pour expliquer ce qui s'y passait. En 1861, Oil Springs avait une population de 1600 habitants, un hôtel, plusieurs magasins et boutiques, et cent puits actifs; de plus, on en forait 300 autres sur les rives de Black Creek. L'huile contamina l'eau potable du village. Près de l'hôtel par contre, il y avait un petit ruisseau où les prospecteurs pouvaient rincer leurs bottes, se laver et faire boire leurs chevaux. Le cuisinier de l'hôtel venait également s'y ravitailler pour l'eau du thé, du café et celle indispensable à la cuisson des aliments. Les lits étant en nombre restreint, on se les partageait après avoir compté les heures de sommeil de chacun. Malgré la fièvre de l'or noir qui animait chaque prospecteur, l'endroit était relativement calme. On ne s'y battait pas et les coups de revolver y étaient inconnus, contrairement aux villes champignons de Pennsylvanie où le crime était monnaie courante.

Un certain Hugh Nixon Shaw (ou John ou James Shaw), creusa le puits artésien le plus important au monde à cette époque. C'était un Irlandais et les histoires les plus diverses circulèrent à son sujet. Il avait été épicier avant de se lancer dans le forage des puits. Il acquit un bout de terrain et entreprit de creuser lui-même son propre puits. Cela lui demanda six mois de travail épuisant. Au moment où il commençait à perdre courage, le pétrole jaillit avec une telle force qu'il inonda les terrains voisins et fournit immédiatement plus de 2 000 barils par jour. La production du puits de Shaw surpassait celle de tous les autres à Oil Springs, débordant même régulièrement dans les champs des alentours. Les journaux s'emparèrent de l'histoire. On entreprit immédiatement trente autres forages, dont six donnèrent des quantités de pétrole supérieures à celle produite par l'Irlandais. La carrière de Shaw dans le pétrole lui rapporta beaucoup d'argent. Elle fut malheureusement très brève. Là encore, les histoires abondent. Il aurait perdu sa fortune et serait mort à Titusville en 1860. Une autre légende prétend qu'il s'éteignit à Pétrolia en 1876. Pour une fois, la réalité dépasse la fiction. Shaw se noya dans son propre puits de pétrole. C'était peut-être la première fois que cela arrivait et il faut dire que c'est loin d'être une mort courante. Le 11 février 1863, il descendit dans le puits pour essayer de remédier aux problèmes que posait un morceau de tuyau à gaz. Alors qu'il remontait à la surface, il éprouva des difficultés à respirer, retomba dans le puits de pétrole et se noya dans le liquide noir et gluant.

Trois années après la mort tragique de Shaw, Oil Springs vit sa population atteindre 4 000 habitants et possédait une dizaine d'hôtels, une douzaine de magasins, un bon nombre de bars et même un journal quotidien. Après avoir connu la grandeur, la ville connut la décadence pour deux raisons. La première était l'exploitation des terrains de Pétrolia, situés à une quinzaine de kilomètres au nord-est de Oil Springs et où les puits de pétrole semblaient inépuisables. La seconde raison était due au conflit de personnalité entre Canadiens et Américains et au raid que les Irlandais américains avait organisé contre Fort Érié. La population tomba à 300 habitants tandis que Pétrolia prospérait : en peu de temps 5 000 personnes s'y étaient établies et on y avait creusé plus de 6 000 puits. Dès 1867, les producteurs canadiens commencèrent à sonder le marché européen. Ils exportèrent vers l'Europe. C'est ce qu'ils réussirent à faire jusqu'en 1873, quand les Européens se mirent à préférer le pétrole brut de Pennsylvanie. Le Canada avait néanmoins donné des bases solides à l'industrie du pétrole dans l'Est. L'épopée de l'or noir prenait une tournure nettement industrielle et l'ouest du pays allait suivre et même surpasser toutes les prévisions faites quant à l'avenir du précieux liquide. En 1880, un groupe de pétroliers canadiens indépendants fonda la compagnie *Imperial Oil* à London en Ontario, pour répondre à la menace que représentait la compétition avec les États-Unis. C'était un essai désespéré pour essayer d'empêcher la mainmise de l'empire *Standard Oil*, qui contrôlait déjà l'industrie pétrolière aux États-Unis.

Chapitre 4

Du pétrole en Alberta.

Les pionniers albertains qui ont établi les premiers jalons de l'économie et de l'énergie dont vit l'Ouest aujourd'hui, n'eurent guère la vie facile. Le chemin fut long et ardu. Il y eut bien peu de réussites pour beaucoup de déboires et de déceptions. Pourtant, les preuves de la richesse du sol albertain attiraient les plus audacieux. Henry Kelsey, gouverneur de la compagnie de la Baie d'Hudson à Fort York mentionna le premier la présence du pétrole dans l'Ouest. Il dépêcha un Cri, nommé Wapasu, dans la région d'Athabasca pour établir un commerce régulier entre les tribus indiennes et la compagnie de la Baie d'Hudson. Wapasu échoua dans ses tentatives mais il rapporta au cours de son dernier voyage en 1719, un amalgame de sables saturés d'huile minérale provenant des falaises de la rivière Athabasca. Kelsey se passionnait avant tout pour le commerce. Il nota néanmoins dans son journal la découverte de l'Indien, mais son intérêt s'arrêta là.

Un Américain de Milford dans le Connecticut, Peter Pond, s'était lancé dans le commerce des fourrures au Canada vers 1775. Il réussit très bien le long de la rivière Saskatchewan. Sa réputation grandit et quelques années plus tard, plusieurs de ses collègues lui remirent leurs marchandises avec la mission de se diriger vers le Nord-Ouest et d'établir des échanges avec les Indiens. Il passa par Cumberland House, l'Île-à-la-Crosse, Methy Portage, traversa la rivière Clearwater et entra dans la région d'Athabasca. C'est en 1778 que Peter Pond, le premier homme blanc à s'aventurer dans cette région, découvrit les sables bitumineux. Les Kiskenaux s'en servaient pour boucher les interstices de leurs canots et appelaient cette substance *Anninpiskey*, ce qui signifie à peu près «gomme de roche». Peter Pond bâtit dans cette région la première maison d'homme blanc et l'année suivante, il y planta même un jardin. La carrière de Pond fut celle d'un véritable aventurier. Il fut même impliqué dans deux meurtres. Cela n'empêcha toutefois pas ses découvertes d'être publiées en 1787 en même temps qu'une carte géographique qui, loin d'être précise, n'en présentait pas moins une ébauche de la région où il s'était installé provisoirement, avant de retourner aux États-Unis où il mourut en 1807. Le deuxième Blanc qui décrivit les dépôts bitumineux le long de la rivière Athabasca fut Alexander Mackenzie. Il passa l'hiver de 1787 avec Pond dans sa maison, qu'il avait baptisée Old Establishment. En traversant la rivière à laquelle il donna le nom de Elk, il avait remarqué des gisements de bitume et avait même noté la grande liquidité de ce dernier. Quand on le mélangeait à la résine, le produit obtenu pouvait servir à boucher les trous des canots. Par ailleurs, si l'on chauffait cette substance, une très forte odeur s'en échappait. Lorsqu'il décrivit son voyage le long du fleuve qui allait porter son nom, il ne fit jamais la différence entre le vrai bitume, l'huile et le charbon.

La troisième personne qui s'intéressa aux gisements de pétrole dans l'Ouest fut le docteur John Richardson qui, dans un rapport de 1823, décrivait la présence de bitume près du vieux fort Garry de la rivière Rouge. Bien d'autres voyageurs contribuèrent par la suite à la connaissance géographique et géologique de l'Ouest.

Le gouvernement fédéral constitua en 1841 la Commission géologique nationale du Canada, au bout d'une année de pétitions auprès du Parlement. C'est la plus ancienne organisation scientifique fondée par Ottawa, et une des premières commissions géologiques dans le monde. Quelques mois plus tard, on plaça à sa tête Sir William E. Logan et les travaux commencèrent. On dessina avec précision des cartes des provinces maritimes et de la Gaspésie. Dans les années suivantes, ceux qui travaillèrent pour cette organisation firent un peu de tout. Ils se retrouvèrent topographes, géologues, ethnologues et étudièrent aussi bien la vie menée par les Indiens que les ressources naturelles du pays. C'est grâce à eux que les prémices de l'histoire canadienne sont parvenues jusqu'à nous. Lorsque le pétrole commença à prendre de l'importance, les responsables de la Commission géologique y jouèrent un rôle prépondérant. Le géologue George Dawson prit la tête de la Commission en 1873. Il avait étudié intensivement tout ce qui touchait au nord-ouest du Canada et des États-Unis. Le travail remarquable qu'il accomplit permit d'accroître considérablement nos connaissances sur l'Ouest canadien. Il s'intéressa surtout à l'intérieur et aux côtes maritimes de la Colombie-Britannique et étudia le sud de l'Alberta. Dès 1870, il avait rapporté la présence d'huile et de gaz dans ce qui est maintenant le parc national de Waterton au sud-est de la province. Il publia en 1883 un rapport préliminaire sur *La Géologie des régions de la rivière Bow et de la rivière Belly avec des références sur les gisements de charbon dans les Territoires du Nord-Ouest*, auquel il avait joint des cartes d'une grande précision. Ceci fait, Dawson se lança dans l'étude du nord de la Colombie-Britannique, puis il s'attaqua à la région de Rivière-la-Paix en Alberta; quelques années plus tard, il se passionna pour le Yukon. Grâce à toutes ces études, il put dessiner des cartes géologiques de ces régions et donna devant un comité du Sénat une conférence traitant des ressources du Nord et de leur importance. En 1874, il engagea un personnage dont la légende est parvenue jusqu'à nous. John George «Kootenai» Brown fut le premier fermier de l'Alberta à se lancer dans le commerce du pétrole. Il avait découvert un gisement qu'il comptait utiliser au maximum. Brown était né en Angleterre, dans une famille noble dont la propriété était voisine du château de Balmoral. Il joua même avec les enfants royaux et se vanta par la suite d'avoir fait saigner du nez l'un des princes au cours d'une dispute enfantine. Il fut éduqué selon les grandes traditions à Eton et à Oxford. Ses études terminées, il entra dans l'armée impériale. Ses frasques et son assiduité auprès des femmes lui valurent d'être presque immédiatement envoyé aux Indes. Sa personnalité ne s'accordant guère avec celles de ses supérieurs, Brown quitta l'armée et partit pour l'Amérique du Sud. Il n'y resta pas longtemps et décida de passer aux États-Unis, traversa Panama et continua jusqu'à

San Francisco. On ne sait pas très bien ce qu'il fit exactement à cette époque mais l'on peut être certain que son éducation à Eton et à Oxford ne lui fut guère utile pour travailler sur les bateaux du Mississipi. Il s'enrôla ensuite dans l'armée du général Hunter qui traquait les Indiens. Brown jouait de bonheur, car il quitta Hunter juste avant le massacre des soldats américains par les Sioux à Little Big Horn.

Ayant entendu parler de l'or que l'on trouvait dans la rivière Fraser, Brown décida de s'y rendre pour y tenter sa chance. N'y ayant obtenu aucun succès, il prit la direction de Fort Garry et voyagea pour son plaisir. À la frontière américaine, il fit la connaissance d'une métisse d'origine française, l'épousa et la persuada de traverser les Prairies pour retourner vers les montagnes. Tous deux s'installèrent en 1868 dans la région de Waterton, défrichèrent des terres et cultivèrent leurs champs, devenant ainsi les premiers fermiers de l'Alberta. Ce n'était guère la vie que Brown avait menée à l'ombre du château de Balmoral! Quelques années plus tard, il se trouva pour la première fois en présence de pétrole. Le gisement n'était guère important mais suffisant pour qu'il se lançât dans le commerce. Il pressait le pétrole brut dans des sacs, et vendait le liquide obtenu un dollar le flacon. Les fermiers des alentours, qui venaient peu à peu s'installer dans la région, s'en servaient pour leurs lampes et comme lubrifiant. Comme sa méthode d'extraction était assez lente, le premier producteur de pétrole de l'Alberta ne s'enrichit pas. Brown demandait sans cesse aux Indiens de la tribu Stoney de lui signaler la présence d'un liquide qui avait l'odeur du kérosène et un aspect noirâtre.

Lui-même engagea un certain William Aldridge qui arrivait de l'Utah avec sa famille et dont le fils de douze ans Oliver trouva un important gisement de pétrole. Le père, après avoir vécu de ce que lui rapportait la vente des flacons de lubrifiants, obtint en 1899 les premiers droits minéraux octroyés par le gouvernement dans la province de l'Alberta. D'autres pionniers avaient entendu parler du pétrole dans la province. Un cow-boy albertain nommé John Ware qui, chose inusitée, était un Noir, remarqua en 1888 que son cheval refusait de boire l'eau d'une mare située près de Sheep Creek dans le sud-est de Calgary. Il y lança une allumette et le liquide s'enflamma. La même année, deux trappeurs s'aperçurent que leur guide, un Stoney, se frottait le dos avec un produit étrange et de couleur foncée, ce qui, paraît-il, l'aidait à calmer ses douleurs. En examinant la substance de plus près, ils se rendirent compte que cette espèce d'onguent était un mélange de boue et d'huile. L'Indien accepta de leur montrer la source de cette substance en échange d'un fusil. Les deux trappeurs passèrent l'information à un prospecteur du nom de Allan Poyntz Patrick, qui avait été engagé pour étudier une région délimitée entre la rivière High Wood et les lacs Waterton. Patrick connaissait déjà l'usage que les Indiens faisaient de l'huile. Au cours d'une excursion avec un trappeur du nom de Lafayette French, ils se retrouvèrent dans un village indien. Dans un tipi, ils virent un malade dont les blessures étaient recouvertes de la même substance que celle qu'on leur avait décrite. Allan Patrick réussit à persuader la vieille femme qui servait d'infirmière de lui révéler l'origine de cette huile. Après bien des marchandages et en échange d'un fusil, d'un cheval et de quelques friandises, elle les emmena près d'un suintement de pétrole appelé Cameron Brook. Patrick préleva un peu de ce mélange de boue et d'huile et l'envoya à un parent à Ottawa pour le faire analyser. Les résultats furent décevants. Il persista quand même et persuada deux hommes de devenir ses associés dans une société qu'il tenait à monter. Il s'agissait de John Lineham d'Okotoks, un homme d'affaires qui s'intéressait aussi bien aux ranchs qu'aux mines de charbon et à l'immobilier et de John Leeson, homme d'affaires de Calgary. À eux trois, ils formèrent la *Rocky Mountain Development Company* pour chercher du pétrole dans le sud de l'Alberta. On était en 1901.

Les trois hommes s'arrangèrent pour acheter l'équipement à Pétrolia en Ontario pour 700 dollars. Le matériel leur fut expédié par train à Fort Macleod, et dans des charrettes tirées par six chevaux jusqu'à Cameron Brook. L'équipée prit deux semaines. Le forage commença au mois de novembre et donna lieu à une production d'environ 300 barils par jour, et non 8 000, comme le voulut une légende, née probablement de la campagne publicitaire qu'avait organisée un courtier en bourse. On fora plusieurs puits aux alentours mais sans succès. Les problèmes de transports, les méthodes d'extraction primitives, le mauvais équipement et le découragement qui fit suite au forage d'autres puits qui ne contenaient rien, sinon de l'eau et de la boue, eurent raison de l'enthousiasme des pionniers. Le moment n'était pas encore venu de développer les ressources pétrolifères de cette région. Ce ne fut pas le pétrole mais la découverte du gaz naturel qui poussa l'industrie énergétique albertaine dans la bonne direction.

Puits Dingman #1 à Turner Valley

Raffinerie de Sarnia, 1899

Chapitre 5

Les Fondateurs des premières compagnies albertaines.

Au début du siècle, la ville de Medecine Hat dans le sud-est de l'Alberta s'éclairait déjà au gaz provenant des champs environnants. C'était la première ville à utiliser un tel procédé dans l'Ouest, ceci grâce au gisement qu'on avait découvert par hasard en 1890 alors que l'on cherchait de la houille. Dix-sept ans plus tard, l'écrivain Rudyard Kipling qui traversait le Canada, s'arrêta à Medecine Hat. À cause des tuyaux de gaz qui s'étendaient sous la ville, Kipling commenta que Medecine Hat, avait «l'enfer entier comme sous-sol». En 1906, une compagnie du nom de *Calgary Natural Gas* trouva assez de gaz près de la ville, non seulement pour alimenter l'éclairage de celle-ci mais également pour entretenir une brasserie, élément indispensable au bien-être des pionniers. Le directeur de cette compagnie, Archibald Dingman. était né à Greenbush en Ontario. Très jeune, il avait travaillé pour des sociétés de pétrole en Pennsylvanie, s'occupant du forage ou remplissant les barils. C'était un aventurier, toujours prêt à se lancer dans de nouvelles entreprises. C'est ainsi qu'il avait travaillé pour la compagnie d'électricité de Scarborough et fut le premier à installer l'éclairage électrique dans les rues de Toronto. Il s'associa plusieurs fois à divers partenaires pour fonder des sociétés privées. D'abord, il avait manufacturé des freins de bicyclettes. Le succès lui semblant incertain, il avait ouvert une usine de charbon qui malheureusement fut entièrement détruite par un incendie. Dingman avait alors décidé de s'aventurer dans l'Ouest, était resté quelque temps à Edmonton, puis s'installa à Calgary en 1902. Là, son initiative le poussa à chercher du gaz. Il obtint une franchise et fonda en 1905 la *Calgary Natural Gas Company* qui fora deux puits. Le premier, situé dans la réserve indienne des Sarcis, ne donna que fort peu de résultats. Il fut alors décidé d'en creuser un second sur la propriété du colonel James Walker, située aux limites de la ville. En 1909, on y trouva du gaz en quantité suffisante puisqu'on allait s'en servir dans les quarante années à venir. Ce fut le premier puits de gaz naturel qu'on exploita à Calgary. Quelques années plus tard, la compagnie de Dingman allait s'associer à d'autres exploitants pour former la *Western Natural Gas Company*, qui de nos jours existe sous le nom de Compagnie de Gaz Naturel de l'Ouest du Canada. Cette fusion est due à un Français, Eugène Coste, qui vint tenter sa chance au Canada et réussit magnifiquement.

Eugène Coste était né dans le comté d'Essex en Ontario. Peu après sa naissance, son père, originaire de Marseille, décida de retourner en France, d'où il partit travailler à la construction du canal de Suez. Napoléon Coste fut le premier à piloter un bateau dans la traversée du canal.

Son fils Eugène fit ses études à l'École Polytechnique à Paris avant de sortir de l'École Nationale des Mines, bardé de diplômes. Entre temps sa famille était revenue au Canada et le jeune Eugène la rejoignit. Il prit un emploi auprès de la Commission géologique du Canada et la quitta cinq ans plus tard pour faire ses propres recherches. Il fora un puits de gaz sur les bords du lac Érié puis un second dans la région des chutes du Niagara. Or, le *Canadian Pacific Railway* (C.P.R.) qui avait creusé des puits d'eau, y trouva du gaz. La compagnie chargea alors Eugène Coste de prospecter chez elle. C'est ainsi qu'en 1909 il creusa un puits extrêmement riche à Bow Island et obtint du C.P.R. un bail pour les droits sur le gaz naturel afin de pouvoir entreprendre la construction d'un gazoduc qui relierait le puits de Bow Island à Calgary. Il se rendit donc en Angleterre pour trouver les moyens de financer cette entreprise. Les Britanniques auxquels il s'adressa une première fois refusèrent. Ils n'avaient aucune idée de la valeur du gaz naturel et, n'ayant jamais mis les pieds dans les Prairies,ne voyaient pas ce qu'ils pouvaient gagner au financement d'un tel projet. Sans se décourager, Coste représenta son projet mais cette fois sous un titre différent : *Étude sur la compagnie canadienne de gaz naturel, d'éléctricité, de chauffage et du courant.* Cette fois, les Britanniques se trouvaient en terrain plus familier. Ils acceptèrent et Coste revint au Canada. La nouvelle société fut constituée légalement le 19 juillet 1911. Un mois plus tard, Coste acquit la *Calgary Natural Gas Company* de Archibald Dingman et la Société de gaz de Calgary. Son gazoduc était à cette époque le plus long pipeline de gaz naturel du monde.

Une année plus tard, Dingman et un nommé Herron signèrent un accord concernant Turner Valley. Sur ce, Herron fut en quelque sorte responsable d'un vent de folie qui se mit à souffler sur Calgary provoquant les spéculations les plus délirantes.

William Stewart Herron, comme beaucoup d'hommes d'affaires de ce temps-là, fit plusieurs métiers. Il commença comme cuisinier puis fut fermier, devint bûcheron puis mineur, essaya le marché de l'immobilier, tâta de la spéculation et de la prospection pour finir comme agent pétrolier. Il était né à Gélert en Ontario dans une famille de treize enfants. À l'âge de seize ans, il faisait la cuisine pour un camp de bûcherons dans le nord de la province; puis il partit pour la Pennsylvanie où il acquit quelques connaissances sur le pétrole en travaillant au forage des puits. Il avait à peine vingt ans quand il revint dans le nord de l'Ontario et y fonda sa propre société, employant bientôt cent cinquante bûcherons. Il avait à peine vingt ans. Il tomba amoureux fou de la cuisinière du camp et l'épousa.

La coupe du bois et la construction du chemin de fer n'étaient pas suffisantes pour occuper un esprit aussi curieux que celui de Herron; il se passionnait pour la géologie et rêvait de devenir riche. Il travailla pendant huit ans aux mines d'argent de Cobalt. Ces mines découvertes par hasard par un forgeron nommé Fred Larose étaient les plus riches du monde. Un jour de 1893, Fred était en train de travailler à la construction du chemin de fer dans le nord de l'Ontario lorsqu'il avait cru apercevoir les yeux brillants d'un renard qui le fixaient. Il avait lancé son marteau dans la direction de l'animal, mais n'avait atteint aucun renard. Il venait par contre de toucher une mine d'argent. Deux ans plus tard, les prospecteurs se précipitaient dans cette région et on y exploita jusqu'à cinquante mines. En dix ans, Cobalt produisit plus de 300 millions de dollars de métal. Quant à Herron, après avoir quitté Cobalt où il avait acheté des terrains qu'il avait joués et perdus, il décida de venir dans l'Ouest. Il acheta une ferme à Okotoks et s'y installa en 1903 après avoir réglé ses affaires dans l'Est. Le fermage intéressait Herron mais pour pallier au manque de travail des mois d'hiver, il se mit à dresser des chevaux afin de transporter du charbon provenant de Black Diamond et de Turner Valley jusqu'à la centrale qu'on avait installée à Okotoks. Un jour, alors qu'il attendait qu'on finisse de remplir sa charrette de charbon, il partit se promener dans les environs de Sheep Creek. Il y trouva un gisement de gaz bouillonnant sur les bords de la rivière. Intéressé par le phénomène, il revint un peu plus tard au même endroit pour y prendre des échantillons et il envoya ceux-ci à l'un de ses oncles qui travaillait dans les champs pétrolifères de la Pennsylvanie et à l'université de Californie. L'analyse révéla qu'il s'agissait de pétrole. Fort de ces résultats, Herron vendit sa ferme pour acheter le plus de terrains possibles aux alentours de ce gisement, et prit un bail sur les droits miniers et sur les droits du gaz naturel des terrains de la Couronne. Ayant maintenant l'idée bien claire de se lancer dans la prospection du pétrole, il contacta Eugène Coste puis Archibald Dingman. Pour convaincre ce dernier, il l'invita à un pique-nique en compagnie de R.B. Bennett qui allait devenir premier ministre du Canada en 1930. Pour faire cuire le déjeuner, Herron ne trouva rien de mieux que de mettre le feu à un suintement de gaz naturel et d'y placer au-dessus la poêle à frire. Ce geste impressionna tant ses invités qu'ils se laissèrent convaincre de l'importance de ses découvertes et décidèrent sur le champ de s'associer à lui.

Le 16 juillet 1912, Dingman et Herron signèrent un premier accord pour former un conseil de syndics afin de financer les forages de Turner Valley. Plusieurs hommes d'affaires éminents, dont évidemment Dingman et Bennett mais aussi Sir James A. Lougheed, firent partie de ce conseil. La *Calgary Petroleum Products Company* fut constituée conformément aux lois provinciales de l'Alberta.

Turner Valley devint en peu de temps la scène d'une série de découvertes de pétrole et de gaz et la «fièvre de l'or noir» allait à nouveau s'emparer des esprits grâce à Dingman et à Herron.

Atlantic #3, en feu, à Leduc

Puits de pétrole, Leduc #2

Chapitre 6

Turner Valley.

A. Dingman et W. Herron, une fois signé l'accord qui leur permettait de commencer des forages à Turner Valley, se mirent sérieusement à la besogne. Alors que l'un partait pour Pittsburgh acheter le matériel dont ils avaient besoin, l'autre faisait couper le bois nécessaire à la charpente des parois du puits et du derrick. Dès le mois d'octobre, on commença à monter ce dernier, à assembler le matériel et à creuser. L'émoi s'empara des Calgariens et de tous les Albertains, surtout lorsqu'aux débuts des travaux, on se trouva en présence de quelques poches de gaz qui fournirent immédiatement un combustible à la chaudière du site de forage ce qui donna bien sûr du même coup une bonne excuse aux spéculateurs. Jour après jour, les journaux de Calgary suivirent de près les progrès du puits. Finalement, les efforts des uns et les espoirs des autres aboutirent. Le 4 mai 1914, un gaz naturel fluide très léger, plus clair que le pétrole conventionnel et de couleur paille se mit à jaillir du puits Dingman n° 1. C'était du naphte. Dans les jours qui suivirent, des centaines de visiteurs se précipitèrent pour voir ce puits-miracle. Même le gouverneur général du Canada, le duc de Connaught, vint sur les lieux avec son épouse. Certains visiteurs remplissaient des bouteilles du précieux liquide pour les emporter en souvenir. Quant au carburant fabriqué à partir de ce naphte, beaucoup de chauffeurs prétendirent même qu'il leur permettait de conduire plus vite et plus longtemps que l'essence ordinaire. Malheureusement son odeur posait un problème épineux qui en limita l'usage au marché des machines agricoles dans les Prairies. Néanmoins, l'opinion publique se passionna pour la découverte de Turner Valley. Un journal publia même un article selon lequel les terres les plus riches en ressources énergétiques en Amérique du Nord étaient en Alberta, une prétention basée surtout à cette époque sur l'enthousiasme et la fantaisie. Cet engouement entraîna également les spéculations financières les plus hasardeuses et souvent sans fondement dans les exploitations de Turner Valley. Dans le but de gagner très vite de l'argent, des escrocs formaient sans aucun scrupule des sociétés fantômes qui ruinaient les actionnaires trop crédules. Pour le prix de quelques dollars l'arpent, n'importe qui pouvait revendiquer les droits miniers des terrains de la Couronne. Ce procédé donnait automatiquement au propriétaire la permission d'établir une compagnie de pétrole. Au cours des premiers temps chaotiques de Turner Valley, plus de 500 compagnies virent ainsi instantanément le jour. On installa entre le puits Berkeley de Turner Valley et le bureau du colonel Woods, éditeur du journal local le *Herald*, la première radio diffusant toutes les découvertes. Les acheteurs raflèrent sans attendre tous les terrains de la Couronne le long des Foothills, entre la frontière américaine et Rocky Mountain House. Archibald Dingman eut l'intégrité d'écrire une lettre publiée dans le *Herald* où il dénonça les déclarations exagérées et ridicules concernant Turner Valley. Sa lettre n'eut aucun effet et ne ralentit nullement les investissements les plus fantasques. La ville de Calgary, qui comptait alors une population de 80 000 habitants, était, semblait-il, atteinte de la folie de la spéculation. Depuis le premier jour où l'on avait commencé à creuser le puits Dingman n° 1, la fièvre du pétrole sévissait à sa façon sur la ville. On investissait dans toutes les directions, on achetait des actions dans des compagnies qui poussaient comme des champignons, on faisait la queue pendant plusieurs heures devant les bureaux de sociétés d'origine douteuse qui s'étaient constituées en un rien de temps. Les Calgariens qui rêvaient de faire fortune investirent de leur propre poche jusqu'à plus d'un million de dollars. Cette folle spéculation entraîna la ruine de bien des gens, tandis que d'autres s'enrichirent si soudainement que l'éditeur du journal *The Eye-Opener* lança la boutade suivante : «Le problème avec la situation pétrolière à Calgary est que dans les rues on ne peut reconnaître les millionnaires des milliardaires». Les promoteurs se remplirent les poches et un bon nombre d'entre eux plièrent bagage rapidement emportant les investissements de clients trop naïfs. Ces derniers se retrouvèrent donc avec des morceaux de papier représentant leurs actions dans des sociétés fantômes et n'ayant aucune valeur. La Bourse de Calgary, qui avait été fondée en octobre 1913, représentait un marché aux fluctuations beaucoup trop variables et fantaisistes pour être prise au sérieux.

Pendant ce temps, le puits de Dingman était loin de produire des quantités gigantesques de gaz. Jamais il n'y avait eu autant d'investissements pour si peu de résultats dans Turner Valley. Des cinq cents compagnies qui s'étaient constituées, cinquante tout au plus construisirent des derricks et il y en eu encore moins qui creusèrent des puits. Le 25 mai 1914, on fora le puits Dingman n° 2 qui fut le premier sur lequel on construisit un derrick, non pas en bois, mais en métal. Quant aux puits de diverses autres compagnies, leurs résultats furent en général assez décevants. À cela s'ajoutaient les problèmes et l'anxiété provoqués par la Première Guerre mondiale. L'enthousiasme s'estompa. Pourtant Dingman, ses hommes et quelques employés de diverses petites compagnies s'acharnèrent. En six ans on ne fora que neuf puits et ceux-ci ne produisirent que des quantités médiocres de pétrole. Pour ajouter à ces déceptions, un incendie se déclara qui détruisit complètement la petite installation de récupération d'essence contenue dans le gaz. Sa reconstruction aurait coûté cinquante mille dollars, une somme extrêmement importante à cette époque. Finalement *Imperial Oil* racheta les intérêts de la compagnie et la société *Calgary Petroleum Products* fut réorganisée sous nom de *Royalite Oil*. On reconstruisit l'usine sous la direction de Sam Coultis et, en 1922, on fora même deux puits supplémentaires dans les environs. Deux ans plus tard, le puits n° 4 de *Royalite Oil* permit de mettre la main sur d'énormes quantités de gaz, ce qui amena un renouveau d'intérêt dans la capacité de production de Turner Valley. En fait, on ne savait nullement à cette époque que c'était là le premier champ pétrolifère de grande importance au Canada. En attendant qu'on se rende compte de la richesse de ces gisements, on laissa s'échapper du gaz et du pétrole d'une valeur de plusieurs millions de dollars. Calgary était déjà alimenté en gaz provenant de Turner Valley et Okotoks allait à son tour en bénéficier sous peu, grâce au système de transmission de la Compagnie du Gaz Naturel de l'ouest du Canada.

Avec les premiers indices de la Grande Dépression, beaucoup de gens se montraient sceptiques quant à l'exploration et l'exploitation de Turner Valley, surtout en raison du coût élevé du forage. Pourtant, quelques puits donnèrent des résultats suffisants pour provoquer l'intérêt de quelques irréductibles. Après tout, la compagnie *Home Oil* avait résisté au krach financier de 1929 et continuait bel et bien à fonctionner. C'est ainsi que trois Calgariens décidèrent de se lancer dans l'aventure du pétrole et de fonder en 1934 une nouvelle société : la *Turner Valley Royalite*. Ils allaient connaître bien des hauts et des bas avant d'obtenir un succès foudroyant. Le premier, Moyer, était avocat, le deuxième, Bell, éditeur du journal local *The Calgary Albertan*, et le troisième, Robert Brown, ingénieur-électricien. Ce dernier avait construit des centrales hydro-électriques dans l'Ouest et avait été en charge du système électrique des tramways de Calgary. C'est lui qui prit la tête des opérations. Aucun des trois n'était géologue. Cela ne les empêcha nullement de formuler une théorie qui, bien que jugée fausse par les spécialistes, se révéla néanmoins valable. Selon les trois hommes, il devait y avoir une énorme réserve de pétrole à une grande profondeur près de la réserve de gaz du côté de Turner Valley. Cela allait à l'encontre de toutes les idées reçues de cette époque. De plus, ce n'était guère le moment de se lancer dans les affaires : la dépression en était à son point le plus bas. Les investisseurs éventuels avaient soit perdu leur argent, soit perdu confiance en de telles entreprises. Brown et ses deux associés étaient si déterminés à réussir qu'ils finirent par persuader les gens, non à investir mais à acheter simplement des actions. Ils purent ainsi commencer un forage qui fut cependant plusieurs fois interrompu par manque de fonds. Bien qu'absolument sûrs qu'il y avait du pétrole là où ils avaient commencé à creuser, les trois hommes devaient faire face à des catastrophes financières successives. Brown vendit tous ses biens. Il se retrouva avec plus d'un demi-million de dollars de dettes, d'autant plus qu'aux problèmes d'argent de la *Turner Valley Royalite* s'ajoutait la situation économique désastreuse de son journal. Enfin, la chance leur sourit : quatre compagnies de pétrole vinrent en aide aux trois hommes qui désespéraient. Ils étaient absolument sûrs qu'il y avait du pétrole là où ils avaient commencé à creuser. *British American Oil*, *Imperial Oil*, *Calmont Oils* et *Spooner Oils* commencèrent à reconnaître que leur théorie, qui avait fait rire au début, n'était pas si dépourvue de sens. L'argent arriva donc, le travail reprit et, avec lui, le succès vint. Une explosion de gaz qu'on entendit dans toute la vallée, secoua le puits de la *Turner Valley Royalite* le 16 juin 1936. Le pétrole jaillit et se répandit autour du derrick. Brown et Moyer hurlèrent de joie. Bell ne put se réjouir de cette découverte si ardemment attendue. Il était mort trois ans auparavant, Archibald Dingman aussi. On creusa aussitôt des centaines de puits et Turner Valley se révéla être le plus grand champ pétrolifère de l'Empire britannique au cours des onze années qui suivirent. En 1942, on obtenait vingt-sept mille barils de pétrole brut par jour.

D'autres réserves de pétrole allaient être découvertes par la suite, mais aucune ne provoqua autant de remous, d'espoirs, de spéculations, de ruines et de fortunes que l'épopée extraordinaire de Turner Valley.

Chapitre 7

Imperial Oil.

Les raffineurs canadiens fondèrent le 8 septembre 1880 en Ontario la compagnie *Imperial Oil*, la plus ancienne des sociétés de pétrole du Canada, afin de se défendre contre les menaces que représentaient les compagnies américaines. Sous la direction de Jacob Lewis Enghehard, dont la raffinerie à Pétrolia était considérée à cette époque comme l'une des meilleures raffineries d'Amérique du Nord, les directeurs de seize autres raffineries et compagnies canadiennes se rassemblèrent, ressources, puits de pétrole et barils inclus. Ils mirent sur pied *Imperial Oil* avec un capital liquide de vingt-cinq mille dollars. C'était une tentative désespérée pour éviter d'être englouti par la grande société *Standard Oil*, fondée par John Rockefeller, qui avait déjà le monopole de l'industrie aux États-Unis et qui essayait avec ténacité de s'infiltrer un peu partout dans le monde.

Les fondateurs de *Imperial Oil* l'organisèrent immédiatement d'une manière très efficace. Ils fermèrent les plus petites raffineries, ils agrandirent les plus importantes et ils engagèrent sans délai Hermann Frasch, le chimiste le plus connu de cette époque, pour découvrir un moyen de produire du kérosène plus raffiné à partir de sulfure brut. La méthode de ce dernier, qui consistait à utiliser des oxydes de métaux, produisit sans tarder un produit de meilleure qualité ce qui aida non seulement *Imperial Oil* mais d'autres producteurs de pétrole.

Les raffineries d'Enghehard, situées l'une à London en Ontario, l'autre à Pétrolia, aussi en Ontario, devinrent les raffineries principales. En 1883, un incendie détruisit celle de London et *Imperial* mit tous ses efforts et ses espoirs dans celle de Pétrolia. C'était un immense complexe d'édifices produisant du kérosène et des lubrifiants et dont la construction avait coûté deux cent cinquante mille dollars. Le kérosène était exporté aux Indes, en Chine, en Australie, en Amérique du Sud et même au Japon. *Imperial Oil* envoyait également ses produits dans tout le Canada et comptait vingt-trois bureaux de Vancouver à Halifax.

Mais Rockefeller continuait à étendre son emprise sur l'industrie du pétrole. Vers la fin de 1890, il était maître du tiers du marché canadien, même si *Standard Oil* avait déjà racheté trois sociétés propriétaires de raffineries à London, à Sarnia et à Pétrolia. Le filet se resserrait. Pour prendre de l'envergure et pour construire plus d'usines, *Imperial Oil* avait besoin de capitaux. On en chercha au Canada et en Grande-Bretagne, sans succès. Par une ironie du sort Rockefeller était le seul capable de financer l'extension d'*Imperial Oil*. Pour survivre, cette dernière dut capituler. Elle avait certes perdu une bataille mais non la guerre. En fournissant les investissements nécessaires à la société canadienne, *Standard Oil* en devint le partenaire majoritaire. Sur ce, la raffinerie de Sarnia devint la plus importante du Canada, produisant près de neuf cents barils par jour lorsque le siège social d'*Imperial Oil* y déménagea de Pétrolia. Soixante-dix ans plus tard, les chiffres atteignaient cent vingt-trois mille barils par jour. Enghehard qui était devenu directeur et vice-président d'*Imperial Oil,* garda ce poste jusqu'en 1921. John Rockefeller comptait une autre victoire à son actif. Il régna pendant un demi-siècle sur l'industrie du pétrole.

C'était le fils d'un charlatan. Son père prétendait vendre des produits miraculeux et qui pouvaient guérir le cancer. Dès l'âge de quinze ans, John dut travailler comme commis-épicier pour nourrir sa mère et ses frères. Deux ans plus tard, on lui offrit un poste de comptable. Comme on lui refusait un jour une augmentation qu'il jugeait méritée, il quitta son poste et fonda sa propre compagnie. C'est alors qu'un groupe d'hommes d'affaires lui proposa de se rendre jusqu'à Oil Creek pour y faire une étude afin de savoir avec plus d'exactitude s'il était vraiment raisonnable d'investir dans l'industrie toute nouvelle que représentait le pétrole. John se rendit compte rapidement qu'il pouvait y faire fortune. En 1865, il avait alors 26 ans, il décida de consacrer sa vie à l'or noir. Il racheta sa part à un partenaire qui s'était secrètement associé à lui. Il bâtit son empire lentement mais sûrement, absorbant d'abord la raffinerie de Cleveland puis celles des alentours. C'est ainsi qu'il allait un jour se retrouver à la tête de presque toutes les raffineries des États-Unis. L'intégrité n'était pas son fort, semble-t-il, et tous les moyens lui étaient bons pour réussir. Il acculait souvent ses concurrents à la ruine et rachetait leurs affaires pour une bouchée de pain.

En 1870, John Rockefeller fonda la *Standard Oil*. Le capital était d'un million de dollars, une fortune extraordinaire pour l'époque. Il continua tranquillement à agrandir son empire en ruinant les agents pétroliers les uns après les autres et sans se soucier des ressentiments et de la haine qu'il provoquait. Non seulement il contrôla en peu de temps les neuf dixièmes de l'industrie américaine du pétrole mais, en 1877, il réussit à devenir le maître de tous les réseaux d'oléoducs des États-Unis et une année plus tard, c'est sur 95% des pipelines et des raffineries des États-Unis qu'il avait mis la main.

À quarante-trois ans, ce roi du pétrole avait amassé une fortune telle que lui même ne pouvait plus la chiffrer.

Poursuivi par les haines qu'il avait suscitées, il vivait en reclus. Son seul délassement en hiver était le patinage sur un lac glacé qu'il avait fait aménager à grands frais. Très pieux, il dirigeait l'école du dimanche d'une église protestante et vivait frugalement. Lorsque le gouvernement américain ordonna la dissolution du trust de la *Standard Oil*, les gens se réjouirent. La joie fut à son comble lorsqu'on apprit que l'État lui infligeait une amende de 19 millions de dollars pour avoir contrevenu à la loi antitrust. Rockefeller avait alors soixante-dix ans. Cela ne l'empêcha nullement de contre-attaquer en fondant la *Standard Oil* de New Jersey et trente-quatre autres sociétés qui étaient en apparence indépendantes mais dont, en fait, la majorité des actions lui appartenaient.

Vers la fin de sa vie, il racheta ses méfaits et abus de pouvoir en fondant des oeuvres philanthropiques dans le monde entier et il s'éteignit en 1937, à 98 ans, dans un incroyable château aux plans duquel il avait personnellement participé en détail. Ce fut le premier échec de cet homme qui aurait voulut vivre centenaire.

Au début du XXe siècle, *Imperial Oil* dominait l'industrie pétrolière du Canada d'un océan à l'autre. La vogue des automobiles décupla le besoin de carburant, ce qui lui posa des problèmes d'expansion. *Imperial Oil* constitua donc, en 1914, une filiale légale, la société *International Petroleum*, prit la même année le contrôle de la société *Royalite Oil* et réorganisa cette dernière. *Imperial* connut de nouveau la gloire avec Norman Wells et le projet Canol jusqu'à ce qu'on arrêtât ce dernier. Des hauts et des bas s'ensuivirent comme dans toutes les autres compagnies. En effet, d'autres sociétés entraient déjà dans l'histoire de l'or noir : *British American, Gulf, Shell, Texaco*, des compagnies américaines ou européennes qui allaient installer des succursales au Canada.

Chapitre 8

Le Projet Canol

Une seconde découverte de pétrole dans le nord de l'Alberta allait permettre le projet gigantesque que fut Canol et la conquête pétrolière de cette partie de la province, qui était mal connue à l'époque. Le projet Canol a son origine dans les champs pétrolifères de Norman Wells situés dans les Territoires du Nord-Ouest, à 1 600 km d'Edmonton et à 128 km au sud de l'Arctique, dans une région où *Imperial* faisait de l'exploration depuis 1918.

J. Cornwall, un représentant de la compagnie *Northern Trading* qui circulait dans la région, avait déjà signalé en 1911 la présence de ces champs. Son guide, un Indien nommé Karkesee avait remarqué des dépôts d'huile sur les bords du fleuve Mackenzie, au-delà de Fort Norman. Ils y prélevèrent quelques échantillons et les firent analyser par une compagnie de Pittsburgh qui leur assura que cette substance était de l'huile minérale très semblable à celle trouvée en Pennsylvanie. Au moment des plus folles spéculations de Turner Valley, une des sociétés nouvellement formées à Calgary s'intéressa de près à ces dépôts et engagea à cette fin un géologue d'origine britannique, T.O. Bosworth, pour les examiner. Ce dernier faisait le détour par le Canada avant de rentrer chez lui après un séjour en Amérique du Sud. Ses commentaires furent si favorables qu'un peu plus tard *Imperial Oil* lui offrit un poste de chef-géologue et acheta à la petite compagnie de Cornwall de Calgary les terrains que le représentant avait achetés à Norman Wells.

Imperial connut d'abord tous les problèmes possibles et inimaginables lors du transport du matériel lourd jusqu'à cet endroit. Il faut dire que c'était là une expédition extraordinaire si l'on considère qu'il fallait d'abord aller à Edmonton, puis à Rivière-la-Paix, et ensuite voyager par des voies d'eau plus ou moins navigables, dont le fleuve Mackenzie, le second fleuve d'Amérique du Nord en longueur, mais non en largeur ou en profondeur. C'était la première fois qu'on transportait du matériel pétrolier dans des conditions aussi difficiles et même périlleuses! Les membres de cette expédition se trouvèrent bloqués par l'hiver et durent attendre le printemps pour se mettre au travail. La mascotte de l'équipe d'*Imperial* était un boeuf du nom de Old Nick qui fit tout le voyage. On l'employa par la suite pour la construction des cabanes en bois, pour celle du derrick et pour tirer tous les lourds chargements. En remerciement de ses services, on le transforma en ragoût au mois de décembre. À ce moment-là, les hommes n'avaient plus que du poisson et de la farine pour se nourrir. Old Nick offrit un changement au menu même si on le mangea avec un certain remords.

Beaucoup de géologues s'étaient déjà intéressés à cette région. Selon la petite histoire, le plus célèbre d'entre eux, Ted A. Link, voyant arriver à Norman Wells la seconde équipe épuisée par le voyage, agita les bras de tous côtés et finit par pointer un doigt impérieux vers le sol, à un endroit précis. «C'est là que se trouve le pétrole!» annonça le chef-géologue au groupe exténué et ahuri devant une déclaration aussi péremptoire. Des forages ne donnèrent cependant aucun résultat pendant plusieurs années, jusqu'en 1920, le 22 août exactement, où un véritable geyser de pétrole brut jaillit d'un nouveau puits avec une telle force que les hommes le regardèrent avec stupeur pendant près d'une heure. Ce puits donna sous peu une moyenne d'une centaine de barils par jour. Lorsque le chef-géologue Link retourna à Edmonton pour annoncer la nouvelle, le journal local s'empara immédiatement de l'affaire et parla de Norman Wells comme du «plus grand champ pétrolifère du monde, s'étendant jusqu'à l'Arctique». Comme on peut le constater, on ne reculait pas devant les formules emphatiques.

Imperial Oil fora d'autres puits et neuf ans plus tard, installa même une petite raffinerie qui servit surtout à fournir du carburant aux avions qui survolaient la région. La Deuxième Guerre mondiale survint. À la suite de l'attaque de Pearl Harbor, et à cause des premiers succès remportés en Asie par les Japonais, la menace d'une invasion par l'Alaska se profilait à l'horizon. Les États-Unis et le gouvernement canadien signèrent l'accord Canol, qui vient des quatre mots *Canadian American Northern Oil*. Le but de cet accord était d'exploiter au maximun les puits de Norman Wells afin de s'assurer l'approvision-nement nécessaire en carburant pour combattre en Alaska en cas d'invasion. L'armée américaine s'allia à *Imperial Oil* pour développer le projet. Le plan prévoyait la construction d'un oléoduc de 960 km partant de Norman Wells et traversant les régions inconnues des montagnes Mackenzie, jusqu'à Whitehorse où l'on avait projeté de construire une raffinerie capable de produire presque quatre cent mille litres de pétrole par jour. De Whitehorse, un réseau routier permettait le transport du liquide jusqu'à Fairbanks d'une part, et, d'autre part, jusqu'au lac Watson, grâce à la route de l'Alaska, ainsi que jusqu'à Skagway sur la côte. Ce plan avait été proposé par le conseiller technique James Graham de l'université du Kentucky, et reçut l'approbation du lieutenant général B. Sommerville, chef de l'armée américaine.

On entreprit les travaux en mai 1942. Dès le début les problèmes s'accumulèrent, à commencer par celui du transport du matériel lourd. Il fallait des efforts presque surhumains pour construire un pipeline à travers les montagnes Mackenzie qui n'avaient jamais été explorées. Fin mai 1942, 2 500 ingénieurs de l'armée américaine traversèrent Edmonton avec d'énormes chargements. Ils prirent la même route que la première équipe qui s'était rendue à Norman Wells. À l'armée se joignirent bientôt deux mille cinq cents employés. En septembre de la même année, on avait déjà transporté vingt mille tonnes de matériel auxquelles s'ajoutèrent bientôt neuf mille autres tonnes. Des équipes se mirent au travail pour construire les routes. L'une d'elles partit de Rivière-la-Paix, l'autre de Norman Wells, et la jonction des deux tronçons se fit à mi-chemin. Fin 1942, la route de l'Alaska atteignait déjà Whitehorse et on pouvait transporter le matériel par camion de Dawson Creek, où arrivait le chemin de fer qui partait d'Edmonton.

Franchir les montagnes Mackenzie représentait un défi. Un seul homme avait traversé ce massif montagneux à cette époque, un géologue du nom de Joseph Keel qui travaillait pour la Commission géologique du Canada. On effectua de nombreuses reconnaissances de terrain en avion. Le travail commença dans des conditions épouvantables. La température changeait sans cesse. Le froid forçait à faire fonctionner les machines 24 heures sur 24. Des milliers d'hommes se relayèrent. *Imperial Oil* fora quarante puits supplémentaires. Les routes du projet Canol furent achevées en 1943. On construisit finalement les oléoducs qui acheminèrent dès avril 1944 le pétrole brut jusqu'à la raffinerie de Whitehorse. Le projet avait coûté 134 millions de dollars. Entre temps, le risque d'une invasion de l'Alaska par les Japonais s'était complètement évanoui. À la fin de la guerre, on n'avait plus besoin de ce pétrole et de ces oléoducs. Tous les travaux furent arrêtés et ce n'est qu'avec la découverte de Leduc en 1947 qu'on se servit à nouveau du matériel du projet Canol qui s'était alors rouillé pendant deux longues années.

Le travail avait été long, ardu, plus que difficile, pour enfin aboutir à un arrêt provisoire, mais, grâce au pétrole, le nord de l'Alberta n'était plus inconnu.

Chapitre 9

Leduc.

L'exploration du pétrole, accentuée au cours de la Deuxième Guerre mondiale et juste après la fin des hostilités, ralentit beaucoup pendant les années qui suivirent. On ne trouva que des gisements de moindre importance. Les petites compagnies s'arrêtèrent de forer, découragées par des résultats négligeables et par le coût des opérations. Seule une société comme *Imperial Oil* pouvait se permettre les dépenses qu'entraînait le forage des puits. Turner Valley était en plein déclin. Les champs pétrolifères de Norman Wells avaient été abandonnés. On connaissait l'existence des sables bitumineux d'Athabasca mais on ne savait techniquement pas comment en extraire le pétrole brut. Cependant le besoin en pétrole commençait à se faire sérieusement sentir au Canada : sur une consommation de deux cent vingt mille barils par jour, on en importait deux cent mille, ce qui était loin d'être une réussite sur le plan économique.

La ténacité des prospecteurs fut enfin couronnée de succès lorsqu'ils découvrirent le champ pétrolifère de Leduc en 1947 à 14 km au sud-ouest d'Edmonton. C'était en onze ans la première découverte importante de ce genre qu'on faisait dans l'Ouest. Pour célébrer cet événement, la société *Imperial* invita les habitants d'Edmonton et le ministre des mines de l'Alberta à venir admirer le puits en pleine activité. Plus de 500 Edmontoniens répondirent à l'invitation. Malheureusement, juste à ce moment-là l'équipement du puits avait besoin de réparation. Il y eut donc un délai. Le puits crachait seulement de la boue, de l'eau et un peu d'huile minérale. C'est alors que quelqu'un eut l'idée d'y jeter un bout de corde enflammée. Le résultat fut instantané. Avec un grondement énorme, de hautes flammes surgirent, brûlant ce qui s'était déjà dégagé. Une fumée noire se répandit. La foule enthousiaste mais prudente s'était reculée tout en applaudissant. Pendant deux longues heures le puits continua à cracher encore plus de boue, de gaz et d'eau. À la fin, lorsqu'une des valves fut ouverte par Nathan Tanner, le ministre des mines, le pétrole brut jaillit. On acclama alors longuement le puits Leduc n° 1.

On avait déjà foré à Leduc un autre puits. Or celui-ci ne produisit pas grand chose, ce qui fit croire que la réserve de pétrole brut n'était pas exactement ce qu'on avait imaginé. La société *Imperial Oil* décida toutefois de continuer ses forages et il s'avéra rapidement qu'on était en présence d'un riche terrain pétrolifère. Immédiatement, comme pour Turner Valley, de petites compagnies se formèrent et acquirent des terrains dans les alentours. Comme *Imperial Oil* s'était réservé la part du lion, les nouvelles compagnies ne pouvaient obtenir que de petites parcelles de terrain. Ces petites sociétés creusèrent quinze puits dont six furent abandonnés, faute de résultats.

Imperial Oil avait obtenu des baux et des droits couvrant de larges étendues. La société avait également acquis un permis d'exploration du gouvernement provincial, ce qui lui permit de se lancer dans des recherches et des forages intensifs.

Les accidents et les incendies de puits étaient très fréquents à l'époque. En janvier 1948, la compagnie *Canadian Atlantic Oil* commença à forer le puits Atlantic 3, assez près du premier puits d'*Imperial*. Des problèmes techniques surgirent début mars, puis le puits explosa, s'effondra et déversa de l'huile minérale et du gaz. L'accident creusa même des cratères dans les environs. On essaya de boucher le puits en y déversant des tonnes de ciment, de boue, de sciure de bois et d'autres matériaux, mais sans résultat. Toute la province de l'Alberta parlait de cet événement. Il fallut plusieurs mois pour enrayer le désastre. Finalement, on creusa en septembre de chaque côté d'Atlantic 3, trois puits de déversement qui miraculeusement sauvèrent la situation.

En 1948, sur cent quarante-sept puits creusés dans les terrains de Leduc, cent trente et un produisirent du pétrole, cinq du gaz et onze furent des échecs. En 1951, sur plus de trois cents puits, neuf sur dix étaient en activité. Avec une telle production de pétrole brut, on ne put trouver de marchés dans l'immédiat. Leduc avait largement dépassé la production de Turner Valley, pourtant, deux ans après ces débuts, il se faisait prendre à son tour la première place par Redwater.

Les raffineries se trouvaient alors à Calgary où des camions-citernes devaient apporter le pétrole brut qui, une fois raffiné, partait par train et par camions dans tout le Canada. Il se posa donc un énorme problème de transport du fait de l'intensité de la production.

La société *Imperial* décida alors d'installer un système d'oléoducs. On utilisa le matériel du projet Canol et l'on fit également l'acquisition des conduites de la Caroline du Nord qui avaient servi pour les champs pétrolifères de l'ouest du Texas. Le premier pipeline alla jusqu'à Nisku où il pouvait transporter trente mille barils de pétrole par jour.

Avec le déménagement de la raffinerie du projet Canol, par la route de l'Alaska jusqu'à Edmonton, tout était prêt pour créer une véritable industrie de l'or noir.

La découverte des champs pétrolifères de Leduc joua un rôle primordial dans l'histoire du pétrole en Alberta, surtout parce qu'elle survint à un moment où la consommation du pétrole augmentait et où la production déclinait dans l'ouest du Canada. Leduc fut extrêmement productif dès la première année, et eut l'avantage d'être situé dans une région accessible à tous et près d'une ville comme Edmonton, ce qui attira de nouveau des investissements appréciables de la part des Canadiens et même des Américains. Après tout, on avait là une production de 200 millions de barils. Edmonton devint alors un centre de raffinage, de produits pétrochimiques et un important centre d'affaires.

Leduc donna réellement le coup d'envoi à l'expansion économique pétrolière de l'Alberta. La découverte de ces gisements déclencha une réaction en chaîne. Lorsqu'on fora en 1948 les puits de Redwater au nord-est d'Edmonton, on découvrit que les champs pétrolifères de cet endroit renfermaient le double des richesses de Leduc. L'année suivante, on ouvrit l'exploitation de Golden Spike dans le Nord-Ouest. En 1950, le pétrole jaillit à Fenn-Big Valley. Quelques mois plus tard, ce fut le tour de Wizard Lake en Alberta et de Daly au Manitoba. L'année 1952 vit le forage des puits de Acheson, Bonnie Glen, Nevis et Westerose. La découverte des gisements pétrolifères les plus imposants de l'Alberta eut lieu à Pembina en 1953, en même temps qu'on découvrait Midale en Saskatchewan. Au cours des dix années à venir, on allait trouver du pétrole dans tout l'Alberta.

Le puits Socony Seaboard Pembina n° 1 marqua la première découverte de pétrole brut provenant de la formation Cardium, la plus importante région stratigraphique de pétrole du Canada. Près d'un milliard de dollars fut dépensé pour forer les champs pétrolifères de Pembina et l'on compta jusqu'à 5000 puits. Quinze ans après la construction du premier derrick, les champs avaient produit près d'un demi-milliard de barils de pétrole. On estimait que plus de 8 milliards de barils se trouvaient encore dans cet immense gisement. On doit cette réussite à Arne Nielsen qui avait cru en Pembina, avait eu l'intuition que la formation Cardium contenait de grandes richesses, et qui avait participé activement au forage du premier puits.

L'exploration et la production du pétrole devenaient une véritable industrie au Canada.

Chapitre 10

Les Sables bitumineux de l'Athabasca.

Les sables bitumineux de l'Athabasca du nord de la province sont à la fois une découverte fascinante, une réserve immense, un gouffre financier et un casse-tête incroyable. C'est Peter Pond, le premier homme blanc à pénétrer dans cette région, qui remarqua en 1788 des dépôts de bitume sur les bords de la rivière Athabasca. L'année suivante, Alexander Mackenzie nota dans son journal qu'il y avait des gisements de cette étrange substance où les Indiens pouvaient enfoncer de longs piquets de bois sans rencontrer de résistance. Dans un rapport sur la région datant de 1892, on parlait déjà des sables bitumineux comme de terrains contenant des réserves inestimables. Peter Pond avait établi Fort McMurray, au croisement des rivières Athabasca et Clearwater. Ce fut un point de rencontre, d'échange et de commerce. En 1913, on envoya un jeune ingénieur, Sidney Clarke Ells, pour faire l'étude des perspectives commerciales et minières de la région. Les conditions du voyage furent difficiles. Ells partit du nord d'Edmonton avec une équipe de trois hommes et un guide indien. Ils atteignirent Fort McMurray en dix jours, un temps record pour l'époque. En fait, ils s'étaient laissé porter avec armes et bagages par le courant tout au long de 384 km de l'Athabasca. Des recherches de trois mois permirent de découvrir deux cent cinquante gisements dispersés sur une distance de 284 km sur les bords de la rivière. Ells rapporta 200 échantillons pour les faire analyser, il ne pouvait en transporter plus : le voyage du retour se faisant à contre-courant, il dut même engager une dizaine d'Indiens pour aider à tirer les barques lourdement chargées. Ells écrivit un long rapport où il prédisait déjà l'importance des sables bitumineux pour le pétrole. Deux ans plus tard, ce furent soixante tonnes de sable qu'il fit transporter jusqu'à Edmonton. À quelques mois de l'arrivée de ce dernier, il décida d'utiliser le bitume pour paver les rues de la capitale provinciale et la route nationale de Jasper. Ells se lança ensuite dans la construction d'une large usine qui pourrait produire jusqu'à 700 tonnes par jour du mélange bitumineux nécessaire au pavage. Mais la dépression qui s'abattit sur l'Ouest vers les années 30 retarda la construction des routes et Ells se vit dans l'obligation de vendre son usine à un prix dérisoire.

La curiosité qu'inspirèrent les sables bitumineux ne s'arrêta pas là. Plusieurs compagnies essayèrent d'exploiter cette ressource naturelle, d'ailleurs sans succès. Il semblait impossible de venir à bout de ce bitume épais, mélangé jusqu'à 900 mètres de profondeur au sable blanc qui s'étend sur 20% de l'Alberta, dans une région de collines, de lacs et de forêts.

Un jeune savant s'était penché sur le problème: Karl Adolf Clark avait commencé dès 1923 à expérimenter différentes façons de séparer le bitume du sable. L'idée était simple, l'aspect pratique extrêmement compliqué. Il passa quarante années à essayer de perfectionner son projet et n'en vit malheureusement jamais l'aboutissement.

Par ailleurs, un Américain du nom de Max W. Bell et ses associés formèrent une société qui plus tard prit le nom de *Abasands Oils Limited*. Ils construisirent une usine capable dès 1940 de traiter 400 tonnes de sables bitumineux par jour. L'année suivante, on obtint dix huit mille barils de bitume qui fut transformé en carburant pour moteur diesel. La malchance voulut qu'un incendie détruisît l'usine. Comme c'était la guerre et qu'on avait besoin de pétrole, le gouvernement reprit temporairement la société Abasands et reconstruisit les installations. Nul doute qu'on y avait jeté un sort car elles aussi prirent feu. Les terrains d'Abasands passèrent à la compagnie *Power Corporation of Canada* et ce ne sera qu'en 1967 qu'Abasands commencera à rentrer dans ses frais.

L'idée de Karl Adolf Clark ne fut pas oubliée et fut reprise par R.C. Fitzsimmons qui fonda la société *International Bitumen*. Fitzsimmons construisit une machine à eau chaude capable de séparer sable et bitume. En 1941, on avait déjà dépensé plus de trois cent mille dollars pour améliorer la machine, alors que le modèle original n'avait coûté que 40$. Fitzsimmons réussit à produire un bitume qui, bien que contenant un certain pourcentage de glaise et de sable, n'en fut pas moins un produit idéal d'imperméabilisation. Ce sera la compagnie de Fitzsimmons qui, après avoir changé plusieurs fois de nom, deviendra un jour la société *Great Canadian Oil Sands Limited*.

Entre temps un inventeur de Calgary, Gordon Coulson, avait eu l'idée ingénieuse de penser à la centrifugation pour séparer sable et bitume. Il fit de nombreux essais dans la machine à laver de son épouse jusqu'à ce que ladite machine tombât définitivement en panne. La société

Royalite trouva l'idée de Gordon Coulson suffisamment intéressante pour reprendre le projet à son compte, mais les négociations s'arrêtèrent là et rien de concret n'en sortit. Un certain M.L. Nathan de la société *Richfield Oil* pensait, quant à lui, qu'une explosion nucléaire serait la réponse au problème d'amalgamation sable-bitume. La Commission américaine de l'Énergie atomique étudia sérieusement son projet, puis deux comités en firent autant, l'un du gouvernement provincial, l'autre du gouvernement fédéral. Heureusement rien n'alla au-delà du stade de l'étude.

Ce fut le tour de la société *Great Canadian Oil Sands Limited* de recevoir en 1960 l'autorisation de la province de commencer ces travaux, mais encore une fois de sérieux problèmes allaient faire obstacle au projet : d'une part des grandes sociétés, *Imperial Oil* et *Shell*, décidèrent de lui faire concurrence; d'autre part, *Canadian Pacific* et *Shell*, qui devaient avancer l'argent, décidèrent de se retirer laissant le champs libre à la compagnie *Sun Oil*. Le président du conseil de cette dernière était John Howard Pew, fils du fondateur de la société, philanthrope et industriel. Pew avait là un pari entre les mains. Il devait avancer des millions de dollars pour un projet dont la réussite était incertaine. Néanmoins, il avait suivi de très près les opérations concernant les sables bitumineux. John Howard Pew releva le défi. Le gouvernement approuva les plans révisés que lui présenta *Great Canadian Oil*

Sands Limited en avril 1964, à la condition que les usines soient en opération avant le 30 septembre 1967.

Cinq jours avant la date définitive, plus de 600 représentants du gouvernement, d'industries diverses et des médias de toute l'Amérique du Nord s'envolèrent jusqu'à Fort McMurray pour assister à l'inauguration officielle des installations qui fonctionnaient déjà à plein. Les personnalités les plus remarquées furent surtout Sidney Ells et John H. Pew, âgé de quatre-vingt-cinq ans alors. Fort McMurray entrait définitivement dans l'histoire. Le chemin avait été long et ardu depuis les premières découvertes de Peter Pond jusqu'à l'exploitation à plein rendement d'une usine.

Seul le temps pourra dire le rôle exact que joueront les sables bitumineux de l'Alberta dans les besoins en pétrole en Amérique du Nord. Si jamais une pénurie se développait, on ne pourrait que se tourner vers la région de l'Athabasca. Il devrait y avoir assez de bitume prisonnier des sables pour produire plus de 300 milliards de barils de pétrole brut, le problème étant évidemment l'extraction et les coûts. En attendant, les sables bitumineux jouent le rôle d'assurance-vie dans l'épopée des progrès continus de l'industrie du pétrole.

Chapitre 11

La Guerre des oléoducs.

Le transport du pétrole posa longtemps beaucoup de problèmes qui étaient le plus souvent dûs à des conflits d'intérêts. Pendant la fièvre de l'or noir en Pennsylvanie, on transporta le précieux liquide dans des barils hors de la Pennsylvanie. Un inventeur américain, le général Karnes, eut l'idée intéressante de remplacer les barils par des canalisations. En fait, les Chinois avaient déjà utilisé ce procédé 20 siècles auparavant pour fabriquer leur propre système d'eau avec de longues tiges de bambou. Dès 1864, on se mit à construire des oléoducs aux

États-Unis et cela entraîna une guerre sanglante entre les charretiers qui avaient eu, jusqu'alors le monopole du transport et augmentaient régulièrement leurs prix, et ceux qui creusaient le sol pour y placer des conduites. Les compagnies ferroviaires s'en mêlèrent lorsqu'il fut question de passer les canalisations sous leurs voies. Les opposants au projet engagèrent même des orateurs publics qui parcouraient les États-Unis, prévenant les fermiers que leur bétail allait succomber et que leurs champs seraient entièrement détruits s'ils permettaient l'installation des oléoducs. Des batailles nocturnes eurent lieu; des gens détruisant la nuit ce que les employés des compagnies avaient construit durant la journée. Enfin, au bout de plusieurs mois de disputes, on en vint à un compromis. Les compagnies ferroviaires acceptaient le passage des oléoducs sous leurs voies moyennant de fortes sommes.

Le Canada ne connut pas ce genre de conflit, mais il eut le sien, dont l'action se déroula au Parlement même.

Un camarade d'école de l'acteur de cinéma Bing Crosby réalisa son rêve au bout de plusieurs années difficiles. Francis Murray Patrick McMahon était le promoteur type. Parti de rien dans la vie, il se fit à la force des poignets une place dans la haute société. Pendant des années il avait cultivé l'idée qu'il serait facile de faire fortune si, et seulement si, l'on construisait un gazoduc pour amener le gaz naturel de la région de Rivière-la-Paix dans le nord de l'Alberta et de la Colombie-Britannique jusqu'à Vancouver et dans les États américains de Washington et de l'Orégon. Le rêve de McMahon devait coûter près de 200 millions de dollars. Heureusement, il avait déjà connu d'immenses succès à Turner Valley et s'était enrichi. Il était seulement un peu trop en avance sur son temps. Il mit dix-sept ans à faire accepter son projet. Il avait mis sur pied la compagnie *West Coast Transmission Pipelines* qui se proposait de construire ce fameux gazoduc jusqu'à la côte du Pacifique. La société, après bien des difficultés, obtint l'existence légale le 30 avril 1949 grâce au nouvel acte du gouvernement fédéral concernant les pipelines. Cela n'était toutefois pas suffisant. Il lui fallait d'abord explorer davantage les réserves de gaz de la région de Rivière-la-Paix, de l'Alberta et de la Colombie-Britannique. Il devait ensuite obtenir un permis délivré par le gouvernement albertain pour l'exploration du gaz. À cela s'ajoutait le fait qu'il ne pouvait aller de l'avant sans l'approbation du gouvernement fédéral et l'accord du gouvernement américain.

N'importe qui se serait découragé devant tant d'obstacles. Beaucoup se seraient lassés d'essuyer refus après refus. Certains auraient abandonné la lutte, sûrs de l'échec. Pas

McMahon, au contraire. Les difficultés semblaient le stimuler. Il gagna toutes ses batailles l'une après l'autre. Un débat orageux au sujet des pipelines de l'Alberta eut lieu à la chambre des députés d'Ottawa. Sept ans plus tard, un autre débat du même genre allait ébranler à nouveau les fondations du Parlement. Les disputes semblaient porter sur des vétilles puisque tout le monde s'accordait pour dire que le gazoduc de l'Alberta jusqu'à la côte ouest devait passer à travers le territoire canadien au lieu de circuler sur le territoire américain. Par ailleurs, le Canada devait garder le contrôle sur la circulation du gaz, qui se devait d'abord d'alimenter les industries et villages canadiens.

Les premiers débats durèrent sept mois. Comme si les élus du peuple n'avaient que cela à faire! Le gouvernement albertain et le gouvernement fédéral approuvèrent le projet de la compagnie *West Coast Transmission* en avril 1952. Il ne restait plus qu'à obtenir l'accord du gouvernement américain. Cela prit encore deux ans mais McMahon gagna. Son gazoduc fut construit et le gaz se mit à circuler du Canada aux États-Unis.

Sept ans plus tard, les débats reprirent. La question s'aggrava au point de remettre sérieusement en question les traditions démocratiques du Parlement. Les problèmes personnels et les conflits de personnalités firent surface, les insultes les plus féroces, les accusations les plus incroyables s'échangèrent à propos de la question des pipelines.

Un américain, Clint Murchison, dont la compagnie de gaz aux États-Unis avait déjà eu beaucoup de succès décida de tenter sa chance en Alberta. En trois ans, la compagnie canadienne qu'il avait formée fora douze puits et fit huit découvertes. Ce sera le point de départ d'un projet ambitieux : la construction d'un gazoduc allant de l'Alberta à Montréal. Clint Murchison vit sa compagnie *TransCanada Pipelines Limited* constituée légalement par acte spécial du Parlement le 21 mars 1951. Bien que cela n'ait pris qu'un mois, l'avenir réservé à *TransCanada* allait être orageux. La compagnie allait changer de propriétaires plusieurs fois, le gouvernement allait la prendre en charge, ce qui provoquerait les débats les plus terribles qui aient jamais pris place dans l'histoire du Parlement canadien.

Il fallut attendre trois années avant que les projets de *TransCanada Pipelines* se concrétisent. Entre temps, on avait changé les plans, puis la compagnie *Western Pipelines* avait proposé un gazoduc allant jusqu'à Winnipeg, et de là vers le sud des États-Unis. Nathan Eldon Tanner, ex-ministre des mines, devint président de *TransCanada*. Le 20 juillet 1956, le permis de construire le gazoduc fut enfin délivré par le gouvernement albertain. Il restait à trouver 300 millions de dollars pour financer l'opération et à obtenir l'approbation du gouvernement américain.

TransCanada et *Western pipelines* s'unirent grâce aux talents de négotiateurs de Clarence Decatur Howe, un parlementaire à qui le premier ministre de l'Alberta avait demandé d'intervenir. Il fallait de plus négocier des contrats d'exportation avec les États-Unis. L'orage éclata au Parlement. Les insultes volèrent de tous côtés, alimentées par des luttes politiciennes. Même à l'époque actuelle il est difficile de concevoir pourquoi de telles batailles verbales eurent lieu. Des hommes respectables, qui avaient été élus pour diriger le pays, échangèrent des jurons, tapèrent du poing sur les tables. Certains s'évanouirent de colère, de rage, d'impuissance et l'un d'eux succomba même à une crise cardiaque. Un vent de folie soufflait sur le Parlement. Pourtant, chose incroyable, tous les participants souhaitaient la même chose : le développement de l'industrie du gaz en Alberta, le contrôle des pipelines par le Canada, l'approvisionnement des Canadiens en priorité sur les Américains et, évidemment, le développement d'une compagnie canadienne *TransCanada Pipeline*.

Les partis politiques prirent position les uns contre les autres. Les rancoeurs amassées depuis des années refirent surface. Les accusations pleuvaient. La controverse contribua à mettre fin à une ère politique. L'année suivante le parti libéral perdit 66 circonscriptions au cours des élections de 1957!

Le projet de *TransCanada Pipeline* fut enfin adopté en 1956. Il devait assurer le transport du gaz de l'Alberta jusqu'en Ontario et au Québec où se trouvaient des marchés importants. Le gaz naturel de l'Alberta s'exporta vers la côte ouest dès 1957, jusqu'à Montréal en 1958, et vers la Californie en 1961. Il ne faut pas non plus négliger le fait que, même si le gouvernement et la province bénéficiaient de ces exportations, l'industrie pétrochimique fut lente à démarrer en Alberta.

La compagnie *Northern Natural Gas* commença en 1969 à construire des gazoducs pour transporter le gaz du Yukon et des Territoires du Nord-Ouest vers le Sud et s'allia à *TransCanada*.

Au cours des années à venir, *TransCanada Pipeline* allait devenir le plus large réseau de transport de gaz du monde avec 9 280 kilomètres de conduites souterraines. La guerre des pipelines avait pris fin, leur permettant d'étendre leurs ramifications sous la terre.

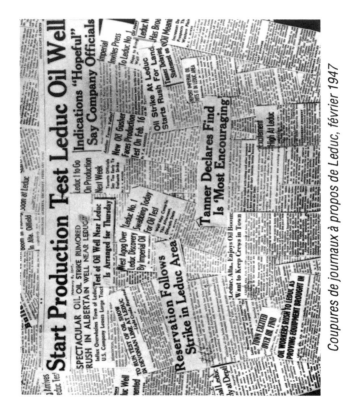

Coupures de journaux à propos de Leduc, février 1947

Conclusion

Les hommes recrutés pour le forage des premiers puits albertains durent travailler et vivre dans des conditions difficiles. Ils eurent à supporter un climat rigoureux en hiver et à se frayer des routes à travers marais, rivières, montagnes et ce, dans des régions inconnues. En été, ils se faisaient de plus harceler par les mouches et les moustiques. La question du transport était d'importance primordiale. On se chargeait d'un ravitaillement complet, ce qui ralentissait les convois, ou on limitait les provisions à emporter, et les hommes devaient chasser et pêcher en plus de leur travail afin de se nourrir. Des histoires sordides concernant les attaques d'ours sont parvenues jusqu'à nous. Les accidents sur les sites de forages et les accidents d'avion étaient monnaie courante. Les incendies étaient fréquents. La technologie des débuts de l'exploitation du pétrole dans la province était fort rudimentaire en comparaison à ce qu'elle est de nos jours. Ceux qui travaillaient au forage des puits étaient appelés *rough necks*. On peut traduire cela par «cous burinés». D'après le folklore, ce terme vient du fait que les ouvriers des sites de forage devaient sans cesse regarder en l'air pour surveiller le développement des travaux. À ce rythme-là, on peut facilement imaginer les rides qui se développaient à l'arrière du cou, sillons creusés et ravinés par des conditions atmosphériques rigoureuses. Ils devaient faire face pendant des mois à l'inconfort et à la fatigue. Il leur fallait une bonne humeur à toute épreuve, une volonté de fer, une grande camaraderie, des échanges continuels de plaisanteries et des rires spontanés pour survivre à la rigueur du climat et de l'isolement. Ces hommes étaient tous animés de l'esprit d'aventure, du désir de relever les défis que leur imposait la nature. Dans ces conditions tout à fait exceptionnelles, les *rough necks* de l'Alberta ont réussi un magnifique travail, tout en payant un lourd tribut de souffrances à la conquête de l'or noir de cette région de l'Ouest canadien.

L'histoire du pétrole en Alberta correspond au début d'une ère nouvelle dans l'industrie énergétique canadienne. La découverte du champ pétrolifère de Leduc, au sud-ouest d'Edmonton en 1947, marqua le commencement de l'ascension du Canada en tant que pays producteur de pétrole. Entre cette découverte et les débuts de 1970, les producteurs de la province ont dû faire face à un problème grave : personne ne voulait de leur or noir.

Le Canada possède deux pour cent de la réserve mondiale de pétrole. Le pays contient également des réserves immenses d'autres sources d'hydrocarbures. D'imposants gisements de gaz naturel ainsi que de très larges dépôts de charbon s'ajoutent à la plus large accumulation de sables bitumineux du monde.

Depuis Turner Valley et Leduc et jusqu'aux sables bitumineux, depuis les premiers pionniers du pétrole, travaillant fort pour peu d'argent, jusqu'aux hommes d'affaires internationaux, lo long combat, douloureux mais vainqueur, qu'ont mené les agents pétroliers de l'ouest du Canada a enrichi une nation entière. À cela s'ajoute le fait que l'Alberta, reconnu comme la «province du pétrole» dans le monde entier, ne peut qu'instiller encore plus de confiance et de fierté chez les Canadiens qui traquent inlassablement et obstinément le précieux liquide noir dans les cachettes les plus secrètes et les plus difficiles à atteindre.

Fin

La ruée vers l'or noir

Le mot pétrole évoque, pour la plupart des gens, l'ouest canadien, le Texas ou le Moyen-Orient. Cependant, le premier puits de pétrole exploité à des fins commerciales a été creusé, en 1858, par James Miller Williams dans le comté de Lambton, en Ontario.

Creusé à la main, le puits de Williams ne produisait que 60 barils par jour. En 1862, Hugh Nixon Shaw creusa assez profondément pour faire jaillir le pétrole du premier puits éruptif, à un rythme de 2 500 barils par jour. C'est Eugene Coste qui exploita le premier puits de gaz en 1889.

La production de pétrole devint rentable en 1863, lorsque J.H. Fairbank inventa le câble à secousses, qui permettait à une seule grande centrale à vapeur de pomper 100 puits ou plus.

De nos jours, les villes ontariennes de Petrolia et de Oil Springs sont fières de leurs liens historiques avec le pétrole et se préparent à répondre aux défis posés par de nouvelles méthodes de production.

Le musée du pétrole, Oil Springs (Ontario)

Glossaire

Agent pétrolier : Personne qui travaille dans le pétrole.

Albertite : Minéral noirâtre qui a l'apparence du charbon et qui brûle facilement.

Asphalte : Sorte de bitume résineux, noir et compact, qui sert au revêtement des trottoirs, des chaussées, etc.

Baril : Petit tonneau en métal qui sert au transport et à l'entreposage du pétrole.

Bitume : Matière minérale naturelle, riche en carbone et en hydrogène, brûlant avec une flamme épaisse. Le bitume sert au revêtement des trottoirs.

Camphène : Mélange explosif de térébenthine et d'alcool distillé, utilisé pour l'éclairage.

Derrick : Charpente métallique (autrefois en bois), en forme de pylône, supportant l'appareil de forage d'un puits de pétrole.

Distillation : Opération qui consiste à débarrasser un solide de ses composants.

Forage : Creusement d'un puits (pétrole).

Forer : Percer, creuser.

Gaz naturel : Gaz combustible qui s'échappe de certaines couches géologiques.

Gazoduc : Canalisation à longue distance pour le transport du gaz.

Géologie : Science qui a pour objet la description des matériaux constituant le globe terrestre, l'étude des transformations actuelles et passées subies par la Terre, et l'étude des fossiles.

Goudron : Substance sombre et visqueuse, obtenue par distillation de divers produits. Goudron minéral, sorte de bitume.

Hydrocarbure : Combinaison chimique de carbone et d'hydrogène.

Kérosène : Huile d'éclairage provenant de la distillation des pétroles. Synonyme: pétrole lampant.

Naphte : Nom improprement donné au pétrole brut. (Le naphte du commerce est un des produits de la distillation des pétroles).

Or noir : Nom donné au pétrole.

Oléoduc : Canalisation à longue distance pour le transport du pétrole.

Pétrole : Huile minérale naturelle, formée d'un mélange d'hydrocarbures et d'autres composés organiques.

Pétrolier, ère : qui a rapport au pétrole. Navire destiné au transport en vrac du pétrole brut. Technicien du pétrole.

Prospecter : Rechercher les gîtes minéraux d'un terrain.

Puits de pétrole : Trou foré dans le sol pour l'extraction du pétrole.

Raffiner : Rendre plus fin, plus pur.

Raffinerie : Lieu où l'on raffine certaines substances (pétrole).

Sables bitumineux : Ou bitumeux. Qui contient du bitume ou du goudron, ou qui en produit à la distillation.

Site de forage : Lieu où l'on fore un puits (pétrole)

TABLE DES MATIÈRES

Achevé d'imprimer sur les presses de Hignell Printing Limited,
Winnipeg (Manitoba), pour le compte des Éditions du Blé,
en juin mil neuf cent quatre vingt treize.